와일드

와일드

송인섭 교수의 A·I 시대 감성 창조 교육법

WILD

송인섭 지음

디센에듀

과거의 직업이 근육과 관계 있었다면
요즘의 직업은 두뇌와 관계가 있다.
그러나 미래의 직업은 심장과 관계 있을 것이다.

_미노체 샤피크(Minouche Shafik), 런던 정치경제대학교 학장

AI시대
인간에게 필요한 기술,
감성적 창의성

AI가 대체할 수 없는 일

|

수년 전 일이다. 갑작스럽게 건강의 이상을 느끼고 병원을 찾았는데, 덜컥 대장암 선고를 받았다. 건강을 소홀히 한 적 없고 내 나름으로 몸을 돌본다 했지만 세월을 비껴갈 수 없었나 보다.

어제만 해도 멀쩡했던 사람이 하루아침에 암 환자가 되어 병원 침대에 누워 있으려니 기분이 착잡했다. 온갖 고민이 밀려오고 안 해도 될 걱정까지 하고 있는 와중에 걱정거리 하나를 더 없는 소식이 들려왔다.

"교수님, 로봇수술로 진행해야 할 것 같습니다."

"네? 아니, 훌륭한 의사를 두고 왜 로봇이 수술을 합니까?"

"교수님, 저 믿으시지요? 제가 로봇보다 기술이 더 좋으면 왜 수술을 마다하겠습니까. 그런데 대장암 수술은 워낙 세밀함을 요구하는 분야이고, 기계가 사람보다 더 정교합니다. 믿어보십시오."

당혹스러워 말도 잘 나오지 않았다. 평소 잘 알고 지내는 교수님의 말이라 신뢰하면서도 한편으로는 기계가 수술을 하다니 선뜻 받아들일 수 없었다.

나는 교육학자로서 세상의 변화에 민감하게 반응하며 살아왔다. 덕분에 인공지능과 사물인터넷, 로봇, 빅데이터와 같은 4차 산업혁명 시대의 첨단 과학에 남들보다는 익숙한 편이다. 그런 나조차도 '맙소사, 로봇수술이라니!' 하고 생각할 만큼 당혹감을 감추지 못했다. 내가 로봇수술에 무지했던 것도 아니다. 정교함을 요구하는 분야에서는 로봇수술의 효과가 더 낫다는 사실도 익히 알고 있었다. 그런데도 바뀐 세상의 변화를 받아들이려니 주저하게 되더란 말이다.

고민 끝에 나는 변화하는 세상에 따라보기로 했다. 불안해하는 나의 마음을 알고 걱정 말라고 따뜻히 위로해주는 주치의의 말에 힘입어 로봇수술을 결정한 것이다.

수술실로 들어가 차가운 침대 위에 누워 있으려니 수술을 담당할 로봇 의사가 보였다.

'저 로봇에 내 생명이 달렸구나.'

다행히 수술은 성공적으로 끝났다. 마취에서 깨어나 서서히 의식이 돌아온 순간 '비로소 살았구나'라는 안도감과 함께 삶에 대한 무한한 감사를 느꼈다. 얼마 뒤 병실 문이 열리고 주치의가 들어와 내 손을 꼭 잡으며 따뜻한 눈빛으로 말했다.

"교수님, 고생하셨습니다. 힘드셨지요? 수술은 잘 끝났습니다. 힘껏 버텨주셔서 감사합니다."

순간 얼마나 위안이 되고 마음이 편안해지던지…. 사람에게서 전해지는 온도가 그렇게 따스할 수 있다는 것을, 가슴에서 나오는 위로의 말이 그토록 상대방을 편안히 해줄 수 있다는 것을 그날 새삼 느꼈다. 수술 전에 품은 로봇 의사에 대한 불신도 씻은 듯 사라졌지만 동시에 문득 이런 생각도 들었다.

'기계가 모든 것을 완전히 대체할 수는 없겠구나.'

나를 수술한 로봇 의사는 분명 첨단 의술과 장비를 장착했을 것이다. 정확한 수술 데이터와 0.1밀리미터의 오차도 허용하지 않는 정교한 기술력으로 몸속 암덩어리의 위치와 범위를 진단하여 제거했을 것이다. 물론, 오작동이나 오류와 같은 만약의 경우를 제외하고 말이다.

그러나 기계는 지덕체로 함양된 인격체가 아니다. 인격을 지니고 감성과 이성의 흐름에 따라 움직이는 사람에 비해 기계는 감성적으로 접근할 수 없다. 그러니 수술의 과정을 정확히 인지하고 집도할 수는 있어도 수술 전후 위로를 건네고 정서적 안정을 유도하는 교감에는 한계가 있다. 그것은 오로지 사람의 몫이다. 나의 몸을 진단하고, 수술을 결정하고, 수술 과정을 감독하고, 수술 후 회복을 도운 주치의의 모든 행동, 그것이 기계가 사람의 일을 완전히 대체할 수 없는 부분이다.

그날 그렇게 병실 침상에서 4차 산업혁명 시대에 대한 통찰이 이루어졌다. 이 책을 세상에 내놓은 것도 그 일환이다.

10년 8000명 자생력 프로젝트가 낳은 '와일드'

|

캠퍼스는 언제나 싱그럽고 자유롭다. 꿈과 비전을 그리며 캠퍼스를 누비는 청춘들을 볼 때면 그 자체만으로도 좋다. 하지만 막상 그들을 만나보면 싱그러운 웃음 뒤에 걱정이 태산이다. 갈수록 어려워지는 취업 때문에 캠퍼스의 낭만을 경험하기는커녕 취준생 모드가 되어 스펙을 쌓기 위해 고군분투한다.

어디 대학생뿐일까? 나의 자기주도학습센터를 찾는 수많은 초중고 학생들이라고 다를 바 없다. 부모 손에 이끌려 온 아이들의 얼굴에는 불만이 가득하다. 급변하는 시대를 향한 불만은 이내 한창

열을 쏟고 있는 공부에 대한 푸념으로 이어진다.

"교수님, 이렇게 공부하는 게 다 무슨 소용이에요. 어차피 앞으로 는 인간 대신 AI가 다 할 텐데…."

틀린 말은 아니지만 그렇다고 맞는 말도 아니다. 실제로 일자리 의 지각변동이 일어나고 있다. 사물의 지능화가 가능해지면서 인 공지능이 사람의 일을 대신하는 직종이 늘었고, 이에 따라 신종 직 업이 생겨나면서 기존 직업은 빠르게 사라지고 있다. 이는 직업의 변화와 가장 밀접한 캠퍼스의 취업 전선에서 생생히 느낄 수 있다. 기계로 대체 가능한 일에는 수요가 줄고, 전에는 없었던 새로운 직 종에 수요가 늘고 있다. 이런 변화는 앞으로 더 빨리, 더 격렬히 밀 려올 것이다.

이런 환경에서 미래 세대인 우리 아이들은 어떻게 4차 산업혁명 시대에 적응해야 할까? 이를 위해 교육은 어떤 방향으로 나아가야 할까? 나는 이 두 가지 문제의식을 갖고 연구에 집중했다. 그리고 한 단계 확장된 방향으로 연구를 진척시킬 수 있었다. 바로 나의 평생 연구 주제인 '자기주도학습'을 진일보시키는 방향의 프로젝 트다. 변화의 소용돌이 속에서 가장 중요한 것은 주체적 태도와 자 신의 의지인데 자기주도학습이야말로 그런 기조를 담은 진정한 학 습법이기 때문이다.

이러한 취지를 담아 나와 우리 연구팀은 앞선 세대가 살아온 세상과는 완전히 다른 4차 산업혁명 시대, '기계가 대체할 수 없는 인간의 고유한 능력은 무엇인가?'를 좇아 탐구했고 10년의 연구, 8000명의 사례를 분석한 끝에 4차 산업혁명 시대를 살아낼 교육의 키워드로 '자생력', 즉 '와일드(Wild)'라는 개념을 세울 수 있었다.

자생력의 연료이자 주춧돌, 감성적 창의성

|

와일드(Wild)에는 '야생의'와 '자생의'라는 두 가지 뜻이 있다. 4차 산업혁명이라는 시대적 배경에서 그 의미를 찾자면, 사회의 모든 시스템이 바뀌는 '야생적' 상황에서 '자생적'으로 살아나가는 힘을 길러야 한다는 중의적 의미로 해석할 수 있다. 이 책은 정글같은 4차 산업혁명 시대에 스스로 살아가기 위한 생존능력을 논하는 만큼 상징적으로 제목을 '와일드'로 삼았다(본문에서는 개념을 정확히 전달하기 위해 '자생력'이라 부른다). 그렇다면 이 자생력, '와일드'의 본질은 무엇일까?

이렇게 생각해보자. AI가 일사천리로 모든 일을 처리해 인간이 쓸모없어지는 상황이 벌어지면 어떻게 할까? 한걸음 더 나아가 기계의 지식과 기술로도 해결할 수 없는 문제가 생긴다면 어떨까? 믿었던 기계조차 풀지 못하는 문제라면 그것이 가지고 있지 않는 인간만의 역량이 유력한 해결책이 될 수 있다. 데이터 중심의 논리적이고 분석적, 선형적인 AI 시대에 인간만의 '감성'과 '창의성'이 점차 중요해지는 이유가 여기에 있다. 이런 의미에서 '감성적 창의성'이야말로 미래 생존 무기 자생력의 핵심 가치라 할 수 있다.

자생력은 자기주도를 근간으로 하되 훨씬 포괄적이고 인문학적 의미가 함축된 개념이다. 사람만이 지니고 있는 '감성'이라는 고유한 능력에 '창의성'을 더한 심층적 의미다. 외부의 대상을 오감으로 감각하고 지각하는 인식능력인 감성에 그치지 않고 새로이 가치있는 것을 만들어내는 창조로 나아가는 힘이다.

그렇다고 감성적 창의성은 무에서 유를 만들어내는 신과 같은 능력이 아니다. 기존에 있던 것을 새로운 눈으로 관찰하고 연결하고 개선하는 능력이다. 그러니 천재만 도달할 수 있는 경지가 아니라 인간이라면 누구나 가지고 있는 '현 상황을 더 낫게 하려는 변화에 대한 의지'이다.

우리 연구팀은 이러한 감성적 창의성을 최대한 발현시킬 수 있는 자생력을 체계적인 학습 프로그램으로 개발하여 학습자에게 적용해보았다. 미래 사회의 주역이 될 청소년기 학생들을 대상으로 한 만큼 학습에서 출발해 궁극적으로 자아실현에 다가갈 수 있도록 이끌었다. 전인적인 면에서 인간의 잠재 능력을 키워주기 때문에 앞으로의 교육이 나아가야 할 진정한 방향이라 할 수 있다.

8000여 건의 사례에서 만난 학습자들이 보여준 변화는 기대 이상이었다. 가장 고무적인 것은 학습자들이 변화하는 사회에 두려움을 갖기보다는 다가올 세상에 당당히 맞설 준비를 스스로 하게 되었다는 점이다. 더 이상 주입식, 암기식, 객관식 교육이나 성적에만 연연하지 않고 모두가 그것을 뛰어넘는 감성적 창의성을 발휘할 수 있는 더 높은 동기를 얻을 수 있었다.

이 책은 4차 산업혁명 시대를 맞는 이들에게 필요한 교육의 방향성을 제시하는 책이다. 기계 대 사람, 사람 대 기계의 세상에서 사람의 역량을 최대한 발휘할 수 있도록 고민한 통찰의 결과물이기도 하다.

자생력 프로젝트를 진행하는 동안 수많은 아이와 학부모를 만났다. 그리고 자생력을 얻는 과정에서 그들의 변화를 생생히 목격했다. 인공지능이 모든 것을 대신할 텐데 공부는 왜 하느냐며 학업 의지를 보이지 않았던 학생이 초디지털 세상에 대한 꿈을 꾸고, 진로를 잃고 방황하던 학생이 세상과 맞설 용기를 냈다. 그 변화와 용감한 도전을 여러분도 함께 알아갔으면 좋겠다. 나아가 이 책으로 기계에 대체되지 않고 야생적으로 살아갈 수 있는 힘인 자생력, '와일드'를 경험해보기를 권한다.

송인섭

차
례

2부 ㅣ 자생력은 무엇인가?

3부 ㅣ 자생력을 어떻게 교육할 것인가?

자생력을
교육하다

르네상스 시대의 거장 레오나르도 다빈치, 천재 예술가로 불리는 그는 4차 산업혁명 시대의 생존능력, 감성적 창의성을 내면화한 '자생력'의 전형이라 할 수 있다. 이 감성적 창의성은 다빈치와 같은 불세출의 인물만이 가질 수 있는 천부적인 능력인 것일까? 아니다. 감성적 창의성은 인간이 지닌 잠재적 자질을 균형 있고 조화롭게 발달시키는 전인교육을 통해 싹트고 전이에 의해 누구나 기를 수 있는 내면적 역량이다.

감성과 창의성, 호기심과 탐구력으로 스스로 천재가 된 르네상스 시대 거장, 레
오나르도 다빈치

걷잡을 수 없는 감성적 창의성의 전형, 다빈치

|

감성적 창의성, 즉 자생력의 의미를 살피기 위해 잠시 시간을 되돌려 르네상스 시대로 가보자.

프랑스 파리 루브르박물관에는 지금도 사람들의 발걸음을 멈추게 하는 작품 〈모나리자〉가 있다. 여러 매체로 수없이 작품을 봐왔지만 원작을 감상한다는 감격과 파리까지 찾아왔다는 수고로움이 더해져 탄성을 자아낸다. 물론 이 작품을 세상에 내놓은 레오나르도 다빈치에 대한 경이로움도 함께다.

16세기 만능 예술인으로 평가받는 다빈치는 미술·건축·과학·의학 등 다방면에 걸쳐 인류사에 큰 업적을 남겼다. 오묘한 미소로 눈길을 사로잡는 〈모나리자〉, 성경의 진리보다 깊은 이야기를 담은 듯한 〈최후의 만찬〉, 인체의 아름다움을 인식시키는 〈인체비례도〉, 상상과 논리적 사고로 그려낸 비행기, 잠수함, 대교의 설계도까지, 인류 역사상 문화와 예술이 가장 융성하던 르네상스 시대를 주도한 다빈치의 창조적 역량은 시간이 흘러도 우리 곁에 남아 있다.

그의 사후 500년이 지난 지금 세상은 르네상스 시대와 비교해 일변했다. 네 번의 산업혁명을 거치면서 역사와 인류는 감히 상상도 못 할 만큼 진일보했으며, 그동안 천재라 불리는 이들도 등장했다. 그 중심에는 스마트폰으로 세상이 존재하는 방식을 송두리째 뒤바

꿰놓은 스티브 잡스도 있다.

웬만한 진보 기술도 구시대의 산물로 뒷방 신세를 질 법한 요즘 시대에 천재적 인물을 거론할 때마다 여전히 다빈치가 등장한다. 500년 전의 그가 지금 시대에도 소환되는 이유는 무엇일까? 그것도 기라성 같은 천재들을 제치고.

인류가 그의 천재성을 인정하는 이유는 누구도 규정할 수 없을 만큼 '폭넓은 범주를 아우르는 능력'을 갖고 있었기 때문이다. 그는 르네상스 시대 만능인의 전형이자 우리가 탐구하려는 감성적 창의성을 내면화 한 자생력의 본보기라 할 수 있다.

○ ○ ○

다빈치를 말할 때 제일 먼저 그림 실력을 꼽지만, 재능이 미술에만 그쳤다면 그는 그저 잘나가는 화가로 일생을 마쳤을 것이다. 하지만 다빈치는 달랐다. 때는 르네상스, 세상은 문화예술의 부흥기를 맞고 있었다. 신 중심의 세계관이 인간 중심의 세계관으로 이동하면서 과학과 문명이 중흥을 거듭하는 시대였다. 다빈치는 그런 시대 속으로 풍덩 뛰어들었다.

누구보다 호기심과 지적 탐구심이 뛰어났던 그는 그림을 그리면서 인체 구조에 호기심을 느꼈다. 호기심은 해부학을 탐구하는 길에 이르렀고, 나아가 사람을 통해 우주의 원리를 깨닫는 통찰로 이어졌다. 단순히 그림을 그리는 행위에서 멈추지 않고, 어떤 경험을 하면 그 원리를 파헤치고자 끊임없이 실험했고, 상상을 통해 또 다른 것을 창조했다.

다빈치를 '지나치게 탁월한 천재' 정도로 정의내리면 그만일까? 그렇게 간단히 넘어가기에는 그가 평생에 기울인 노력이 너무 크다. 그가 하늘이 내린 재능을 지닌 것은 맞지만, 그는 치밀한 노력형 인간이었다. 그 생생한 증거가 '다빈치의 노트'이다. 1만 3000쪽 분량에 달하는 노트는 그가 평생을 써온 것으로 현재는 이 중 7200쪽만이 전해진다(빌 게이츠가 노트의 72쪽 분량을 3080만 달러(약 350억 원)에 구매해 화제가 되기도 했다).

다빈치의 노트를 보면 그가 얼마나 다양한 분야에 관심을 가지고 하나의 궁금증을 다른 분야로 확대해나갔는지 알 수 있다. 천문학·해부학·심리학·지질학부터 낙하산·장갑차·잠수함·비행기 등의 설계도, 요리법과 금전출납 명세서, 농담과 우화에 이르기까지 방대한 관심사가 들어 있다.

타고난 재능이 무색하리만치 다방면에 걸친 열린 감성과 끊임없는 호기심, 이를 끝까지 알아가려는 집요함과 탐구심이 감성적 창의성으로 폭발해 스스로 천재가 되었다.

만약 다빈치가 시대를 훌쩍 건너뛰어 4차 산업혁명 시대로 타임루프를 하면 어떨까? 수백 년의 시간적 공백을 괴로워하며 스스로 자멸할까? 단언컨대 다빈치가 지금 우리 시대로 온다면 그는 한 번 더 세상을 깜짝 놀라게 할 천재로 기억될 것이다. 예술과 첨단 과학 기술을 결합하고, 통신과 예술을 탐구해 새로운 '르네상스 맨'으로 인류에 또한번 큰 기여를 했을지도 모른다. 스스로 문제를 해결하는 법을 습득한 사람만이 이뤄낼 수 있는 존재감이다.

다빈치는 감성적 창의성의 개념을 알았을까? 당연히 몰랐을 것이다. 다만 무엇이든 관심을 갖고 받아들일 수 있는 열린 감성이 내면에 다져져 있었고, 그것이 호기심을 풀어가려는 연구를 통해 창의성으로 꽃핀 것이다. 덕분에 다빈치가 지닌 자생력의 힘은 몇 세기를 뛰어넘어 지금까지 전해지고 있다.

전인교육은 어떻게 감성적 창의성을 꽃피우게 하는가?

|

다빈치가 내면화한 자생력은 전인교육이 뿌리를 내릴 때 꽃핀다. '전인교육'이란 지식이나 기능 따위의 교육에 치우치지 않고 인간이 지닌 모든 자질을 전면적으로 조화롭게 발달시키는 것을 말한다. 전인교육을 이해하기 위해서는 반드시 거쳐야 하는 인물이 있다. 미국의 심리학자이자 교육학자인 존 듀이와 전 하버드대학교 총장 제임스 코넌트다.

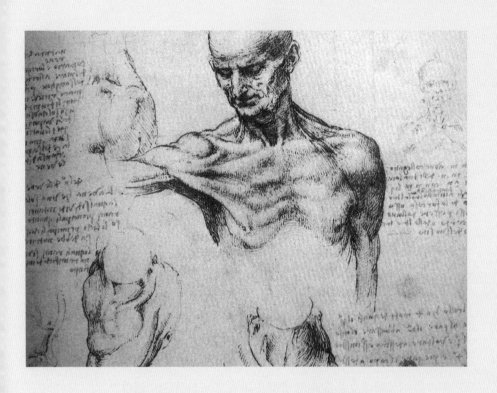

―
인체, 예술, 자연 등 다빈치는 자신이 관찰하고 발명한 모든 것을 노트에 기록으로 남겼다.

전인교육의 아버지, 존 듀이

　교육계가 변하는 건 과학계보다 어렵다는 말이 있다. 사회적 변화에 기민하게 대응하며 가장 앞서 나가야 할 분야인데도 인식 전환의 두려움에 막혀 발전이 더디다. 20세기 초반, 이런 교육계의 분위기 속에서 무조건 지식을 집어넣는 주입식 교육에 과감히 반기를 들고 변화의 물결을 일으킨 존 듀이는 그래서 더욱 존경할 만한 인물이다.

　그는 교육의 발전을 위해 창의적인 시도를 했다. 갓 설립된 시카고대학교에 강의를 나가면서 동시에 실험학교를 열어 7년에 걸쳐 아동 중심 교육에 관한 연구를 했다. 또한 교육에서 가장 중요한 것은 '학생의 경험'임을 깨닫고, 생생한 경험을 통해 바람직한 성장을 이끌어내고자 교육의 방향을 정하고 제도를 정비했다.

　컬럼비아대학교로 이직해 철학 교수로 재직하면서 교육 연구와 저술 활동을 이어갔다. 그리고 자신의 연구를 집대성해 "교육은 인간 성장에 맞는 경험을 제공해야 한다"라는 주장을 설파하며 '경험교육'의 중요성을 알렸다. 개인의 자발성에 기초한 학습과 폭넓은 경험이 인간 성장의 원천임을 전파했다. '학생은 태양이고 다른 것은 행성에 지나지 않는다'는 철학과 신념으로 도전해온 그는 때로는 기존 관념에 부딪혀 좌절하기도 했지만 끝까지 도전을 멈추지 않았다.

존 듀이가 주장한 경험교육은 다른 교육자들에게 큰 영향을 주며 전인교육으로 발전했다. 전인교육이란 인간이 지니고 있는 모든 자질을 전면적으로, 또 조화롭게 육성하려는 교육을 말한다. 인간은 신체적·지적·정의적·심리체동적 특징 등 여러 요소가 하나로 연결되면서 전체를 이루는 존재다. 그런 이유로 지적·정의적·심리체동적 학습은 따로따로 이루어지는 것이 아니라 유기적인 관계를 맺으며 상호작용하는 것이 옳다. 이런 사고방식은 인간의 성장 발달이 통합적으로 이루어진다는 점을 인식한 이후에 더욱 가속화되었다.

학습자가 갖고 있는 모든 자질을 조화롭게 육성하려는 전인교육을 달리 표현하면 아마도 이렇게 말할 수 있지 않을까? '어떤 변화나 상황에서도 대처'할 수 있는 전인적 특성을 만드는 교육이라고 말이다. 우리는 지금까지 4차 산업혁명이라는 격동의 변화를 대처할 수 있는 능력에 대해 이야기해왔다. 그렇다. 전인교육은 어떠한 변화에도 능동적으로 대응하는 능력을 말하는 '자생력'과 같은 곳을 바라보는 교육이다.

여기서 오해하지 말아야 할 점은, 전인교육이 단순히 모든 것을 두루두루 잘하는 것을 추구하지 않는다는 점이다. 교육에서 추구하는 전인은 '인간적인 성숙'을 뜻한다. 지덕체를 조화롭게 갖춘 사람, 뭐든 잘하는 게 아닌 어떤 분야든 편견 없이 바라보고 온전하게 느낄 수 있는 열린 감성을 지닌 사람을 일컫는다. 전인교육의 가치가 이 책에서 말하는 '감성적 창의성'과 통하는 이유다.

안타깝게도 전인교육은 사회가 점점 경쟁 체제로 바뀌면서 사실상 이름뿐인 허울로만 남았다. 특히 우리나라의 경우, 입시 경쟁이 워낙 치열하다 보니 전인교육은 뒷전으로 밀려났다. '사교육 → 명문대 → 좋은 직장 = 성공한 삶'으로 이어지는 일련의 공식이 존재하면서 무조건 시험에 통과하기 위한 교육이 이루어졌기 때문이다. 전인성이 빠진 교육은 학습자를 공부하는 기계로 만들었다. 지적 능력에만 치중하다 보니 '어떻게?', '왜?'라는 생각을 하지 못하게 되었다. 30년간 강단에서 학생들을 가르쳤지만 세월이 지나도 '엄마가 원해서', '선생님이 권해서' 전공을 선택했다는 제자들의 대답을 들을 때면 잘못된 교육의 위험성을 실감한다.

미래 생존능력인 자생력을 극대화하려면 틀을 바꿔야 한다. 그리고 그 틀은 전인교육이 기반이 되어야 한다. 전인교육이야말로 균형적으로 인간의 능력을 발달시켜 잠재 능력을 강화하기 때문이다.

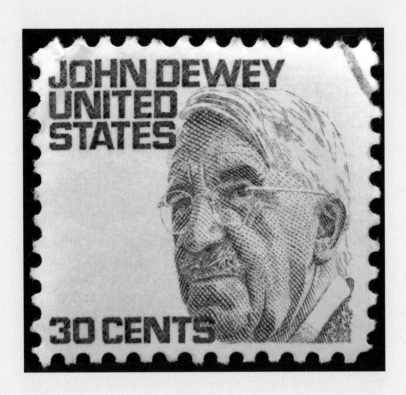

'학생은 태양이고 다른 것은 행성에 지나지 않는다'라고 말한 듀이. 그는 교육은
학생에서 다양한 경험을 주고 이를 통해 학생 스스로 깨닫게 하는 것이라 말했다.

전인적 잠재성, 제임스 코넌트

존 듀이 말고도 전인교육과 맞닿아 있는 인간 잠재성의 중요성을 강조한 이가 있다. 미국의 교육자이자 전 하버드대학교 총장 제임스 코넌트다. 그는 새로운 인재상에 대한 사회적 요구를 설파하며 하버드대학교 최초로 문·이과 구분 없는 자유전공학부를 개설했다. 자유전공학부 개설을 시도한 데에는 그의 제자이자 조교였던 토머스 쿤이 쓴 책『과학혁명의 구조』의 영향이 지대했다.

물리학과에 입학한 쿤은 화학자이면서 과학사에도 조예가 깊었던 코넌트 총장의 조교로 임명되었다. 이후 인문사회계열 대상의 자연과학개론 교육과정을 만들면서 자연과학뿐 아니라 철학, 심리학, 언어학, 사회학 분야에서도 폭넓은 독서와 토론으로 인문학적 소양을 쌓게 되었다. 이러한 통합적인 지식의 융합이 쿤으로 하여금『과학혁명의 구조』에서 '패러다임'의 개념을 정립하도록 이끌었다.

그는 "패러다임의 출현은 지식의 오랜 축적에 따른 변화가 아니라 예상치 못하게 오는 혁명적 단절에서 온다"라고 주장했는데, 이는 혁명적 단절 시대에 요구되는 새로운 인재상에 대한 화두를 던졌다.

코넌트 총장은 혁명적 시대 변화에 필요한 인재상을 고민했고,

제자가 쓴 책에서 깨달음을 얻어 전인적 인재를 양성하기 위한 길을 걸을 수 있었다. 그 결과물이 문·이과의 통합, 학문 간의 통합이었고, '생각을 넘어 상상을 만들어낼 수 있는 인재', '점과 점을 잇는 선을 연결하고 자신만의 내면을 만들어내는 인재', '감성적 창의성을 가진 인재'라는 미래 인재상이었다. 코넌트 총장 역시 새로운 인재는 전인교육의 바탕 위에서 감성적 창의성의 덕목을 갖추어야 한다고 말하고 있다.

여기서 눈여겨봐야 할 점은 듀이나 코넌트 총장, 물리학자 쿤이 공통적으로 '전인적 잠재성이 바탕이 되어야 한다'고 강조한다는 점이다. 이들은 단순히 지식이나 기술이 아닌 종합적인 능력을 갖춘 전인적 인간을 길러내는 교육을 강조하고 있다.

자생력은 전인교육이라는 땅 위에 뿌리를 내리고, 그로 인해 우리는 자생력 있는 인재들의 성장을 목격할 수 있다.

전이는 어떻게 감성적 창의성을 뿌리내리게 하는가?

인간 행동의 '전이'란 한 분야에서 학습된 지식과 기술이 다른 분야에 자연스럽게 전파되어 영향을 주는 것을 말한다. 자생력은 이 전이에 의해 확산된다.

미국 심리학자 해리 할로 박사는 교육심리학에서 '일반적'이라는 개념을 내세웠다. 나쁜 공부 습관이 일반적으로 다른 교과에도 부정적 효과를 미치는 것처럼, 좋은 공부 습관 역시 다른 교과에 긍정적 효과를 준다는 주장이다. 한마디로 좋은 습관을 익히면 그것이 다른 분야에도 전이되어 더불어 상승효과를 낸다는 것이다.

그렇다면 전이는 어떻게 이루어질까? 사람의 전이 현상과 관련한 논의는 지능에 대한 논의에서부터 시작해야 한다. 하버드대학교 심리학 교수이자 지능지수에 대한 학문적 기여를 한 하워드 가드너 교수는 인간의 능력은 평균 20가지 이상이라고 말하는데 이를 가리켜 '다중지능'이라 한다.

가드너의 다중지능 이론은 사람이 다양한 능력을 잠재적으로 갖고 있다는 생각을 심어주는 계기가 되었다. 이후 그는 인간의 특성을 9가지로 나누면서 적성과 관련된 메시지를 던졌다. 가드너가 주장한 9가지 다중지능은 구체적으로 언어지능, 논리수학지능, 시공간지능, 음악지능, 신체운동지능, 개인내적지능, 대인관계지능, 자연탐구지능, 실존적지능이다.

다중지능은 누구에게나 잠재되어 있고, 이 중 한두 가지가 두각을 보일 뿐이다. 어떤 지능지수가 유난히 높을 때 다른 것이 가려지거나 개발되지 않아 쏠림 현상이 나타나는 것이다. 그러니 이들 중 특별히 두각을 나타내는 지능이 있다고 해서 그것만 강조하는

AI 시대 인간에게는 감성적 창의성인 자생력 교육이 필요하다.

것은 타당하지 않다. 한 가지 특성만을 강화하는 것은 효율 면에서도 다른 지능을 골고루 개발시키는 데 역효과를 가져오기 때문이다. 하지만 설령 한 가지 특성으로 강화시킨다 해도 자연스럽게 다른 특성에도 영향을 미치게 되는 게 전이의 특징이다. 따라서 나머지 지능도 균형 있게 섭렵하고 발전시키는 것이 전이 현상을 일으키고, 더 나은 능력의 발달로 이어질 수 있다.

앞서 자생력은 인간의 능력을 조화롭고 균형있게 발전시키는 전인교육을 토대로 향상된다고 말했다. 자생력은 한번 뿌리를 내리면 전이에 의해 다양한 잠재 능력이 골고루 발현되도록 돕는다.

여기서 한 가지 궁금한 점은, 전직이 자유롭고 수시로 직업을 이동해야 하는 4차 산업혁명 시대에 자생력을 갖추고 있다면 관련 능력을 키우는 시간을 단축시킬 수 있을 것인가다. 답은 두 말할 것 없이 '그렇다'이며, 이는 인간 행동 전이에 의한 것이다.

18세기까지 인류 문화의 근간이었던 농경사회에서 가장 중요한 역할을 한 사람들은 농부였고 그 비중이 컸다. 19세기에 들어 산업혁명이 일어나면서 자본가들이 생산수단을 소유하고 대량생산, 대량유통 체제의 산업시대가 펼쳐졌는데 이때에는 공장 노동자들이 사회의 주를 이루었다. 20세기 후반에 들어서는 컴퓨터와 정보통신 기술의 보급으로 정보와 지식이 발전의 원동력이 되는 정보화 시대로 펼쳐졌고 이때부터 지식 노동자가 주를 이루었다. 이 시기부터 오늘에 이르기까지 우리는 하나의 직업을 갖기 위해 그 분야의 전문지식과 기술을 최대한 많이 축적하는 교육에 상당한 공과 시간을 들여왔다. 그런데 세상은 또 한번 변화를 앞두고 있다. 직업 간의 이동이 수차례 나타날 것이라고 예측되는 변화무쌍한 시대가 다가온 것이다.

앞서 살펴본 것처럼 자생력은 전인교육을 토대로 함양되며 이 능력은 인간의 잠재적 능력인 동시에 전이의 특성이다. 자율적이고 무의식적인 반복 현상이 일어나는 것이다. 이러한 전이 현상은 시시각각으로 변하는 시대에 능동적으로 대처하는 잠재력과 관계 있다. 나아가 이는 직업 세계에서뿐 아니라 삶의 모든 영역에 작동해 주체적 인간으로 성장할 수 있게 만들어준다. 궁극적으로는 자신의 잠재력을 발휘하여 자아를 실현할 수 있는 밑거름으로 작용한다.

전인교육으로 뿌리를 내리고 전이에 의해 발달하는 감성적 창의성인 자생력, 우리는 왜 지금 여기에 집중해야 할까?

10년 후 아이들의 직업이 AI에 대체될 것이며, 전 생애에 걸쳐 7~8회 직업을 바꿔야 한다는 전망도 나온다. 진화하는 AI를 지배할 수 있는 역량을 길러야 생존할 수 있다는 목소리도 드높다. 경제의 중심은 생산에서 지식으로 넘어왔고 창의성의 시대로 접어드는 가운데 아이들은 디지털 네이티브 키즈에서 AI 네이티브 키즈로 변모하고 있다. 이러한 대전환의 시기에 다음 세대는 미래의 역량을 길러야 한다. 그리고 그것이 오늘날 교육의 역할이다.

1부
——
왜 자생력인가?

WILD

1장

요즘 아이들이
사는 세상은 다르다

디지털 네이티브 키즈에서 AI 네이티브 키즈로

요즘은 어딜 가나 똑똑한 기계들을 만나볼 수 있다. 집의 형태에 따라 자동으로 온도와 쾌적도를 조절하는 인공지능 에어컨, 유동인구가 많은 대로에서 사람의 움직임을 인식하여 렌즈를 회전하는 스마트 CCTV, 사진을 잘 못 찍는 사람이라도 베스트샷을 찍을 수 있게 자동 설정되는 인공지능 카메라가 탑재된 스마트폰, 공항 이용객을 돕는 인천공항의 안내 로봇 에어스타 등 인간의 삶의 질을 한 단계 높일 수 있는 바탕에는 인공지능AI, Artificoal Intalligence이 있다.

인공지능은 시스템에 의해 만들어진 지능이다. 쉽게 말하면 인공적으로 만든 지능을 기계에 준 것인데 기계가 스스로 생각하고 판단하고 행동하도록 한 것이다.

1930년대부터 시작된 생각하는 기계를 만들겠다는 인류의 꿈은 1956년 처음 AI라는 용어가 등장하면서 날개를 단 듯했지만 지능 프로그램의 개발이 어려워지면서 1970년대까지 침체기를 겪는다. 인류의 꿈에 다시 활력을 불어넣은 것은 1980년대에 인간의 신경망을 흉내 내 프로그램으로 구현한 인위적인 지능을 떠올리면서부터다. 하지만 또다시 한계에 부딪힌다. 막대한 정보량을 처리할 수 있는 기반이 없었기 때문이다. 그리고 드디어 1990년대에 인터넷의 발달과 함께 대량의 정보를 처리할 수 있게 되면서 생각하는 기계는 비약적인 발전을 거듭하기 시작했다.

'인간이 생각하고 판단하듯이 기계가 알아서 하면 어떨까?' 아마도 이런 질문에서 출발했을 법한 인공지능은 100년 가까운 시간을 거치며 오늘날 우리 생활 곳곳에 침투하게 되었다.

∘ ∘ ∘

전 세계인이 목도한 인공지능의 승리를 기억할 것이다. 2016년 3월 구글의 AI 알파고가 이세돌 9단과 바둑 대결에서 압도적 승리를 거두는 모습은, 앞으로 인류의 역사에 인공지능이 얼마나 큰 부분을 차지하게 될지를 암시하는 예고와도 같았다. 아마 이 사건으로 인공지능이라는 네 글자가 전 세계인의 뇌리에 깊이 박히지 않았을까 싶다.

인공지능 분야의 세계적 권위자인 뉴사우스웨일스대학교 토비 월시 교수는 저서 『생각하는 기계: AI의 미래』에서 2050년 인공지능이 만들 10대 미래 변화를 밝혔다.

하나, 자율주행 자동차 시대 정착

둘, 컴퓨터 가정 의료 시대

셋, 가상과 현실이 뒤섞인 하이퍼리얼 시대

넷, 컴퓨터가 인간을 채용하고 해고하는 시대

다섯, 모든 지시는 음성 대화로 진행

여섯, 인공지능 범죄의 유행

일곱, 로봇 스포츠팀 등장

여덟, 무인수송 시대 보편화

아홉, 로봇의 뉴스 제작 및 보도

열, 대역 로봇으로 영생의 꿈 도전

이들 중에는 우리가 현재 경험하고 있는 기술도 많은데, 인공지능이 가져온 편리함이 그저 감탄스럽다. 하지만 작용과 반작용 법

칙처럼, 인공지능의 눈부시지만 급속한 발전을 두고 우려와 불편을 호소하는 목소리도 존재한다. AI의 안전성 문제는 번번이 대두되어 왔다. 실제로 미국에서는 테슬라의 보급형 자율주행차가 사망 사고를 일으키기도 했다. 또한 기존 일자리가 사라지고 인간의 자리에 기계가 대신할 것이라는 불안감은 영화에서도 종종 그려져 왔다. 어른들조차 인공지능의 잠재적 위협을 두려워하고 비약적인 변화에 어찌할 바를 모르는데 이제 막 인공지능을 접하게 된 아이들은 얼마나 혼란스러울까?

그런데 재미있는 사실은, 어른들이 기계와 인간을 서로 대치하는 지배와 피지배의 관계로 받아들인다면, 아이들은 인공지능을 친구 또는 반려의 대상으로 받아들이고 있다는 점이다.

아마존의 '에코'를 필두로 구글의 '구글홈', 애플의 '홈팟', MS의 '인보크', 카카오의 '카카오 미니', KT의 '기가지니' 등 시중에는 다양한 종류의 AI 스피커가 출시되어 있다. 기성세대 중에는 물통 크기만 한 작은 기계에다 "누구야~" 하고 마치 사람을 부르듯 말을 거는 일을 어색해하는 사람도 있다. 손가락으로 버튼을 누르며 기계를 조작해왔던 세대이기에 그렇다. 이들에게 AI 스피커는 그저 스스로 말하는 신기한 기계이지 지능을 가진 존재로 인식되지 않는다.

반면, 요즘 아이들은 AI 스피커를 흥미로워하면서 자연스럽게 다

TV, 에어컨, 냉장고 등 모든 가전제품을 통신망으로 연결해 모니터링하고 제어
할 수 있는 스마트홈

룬다. 동화책을 읽어달라거나, 심심하니까 대화를 하자는 등 사람에게 할 법한 요구를 플라스틱과 고철의 조합에 불과한 스피커에게 말한다. 70세가 넘은 내게는 실로 놀라운 시대다. 하지만 이런 방식의 커뮤니케이션은 아이들에게 전혀 이상하거나 생뚱맞은 일이 아니다. 아이들은 인공지능을 '입력하면 스스로 생각한 답을 주는 흥미로운 존재'로 인식하고 있다.

아이들이 이토록 인공지능에 거부감이 없는 이유는 이들이 '디지털 네이티브 세대'이기 때문이다. 디지털 네이티브 세대가 사는 세상은 현실보다는 인터넷에 더 많이 구축되어 있다. 이들은 태어나면서부터 각종 디지털 기기를 접하며 놀았고, 인터넷은 학습 및 생활 전반의 지식을 가르쳐주는 선생님이자 친구였다. 부모들은 우는 아이를 유튜브로 달래고 아이들은 종이 없는 디지털 교과서로 수업하고 있지 않은가!

아이들에게 이런 삶을 선사한 존재는 단연 스마트폰이다. 스마트폰은 물리적 한계를 넘어 모바일로 가상공간에서 사람들을 연결했고, 폭발적인 정보를 만들어냈다. 그 정보량은 인류가 지금까지 쌓아온 지식과 비견되는 수준이다. 영국의 경제주간지 《이코노미스트》는 스마트폰 없이 살 수 없는 신인류를 '지혜가 있는 인간'이라는 의미의 호모 사피엔스에 빗대 '포노 사피엔스(지혜가 있는 전화기)'라 명명하기까지 했다.

물론 부모 세대 중에도 스마트폰이 없으면 하루 종일 불안에 시달리는 사람도 적잖은 것을 보면, 성인 중에도 포노 사피엔스에 속하는 이들이 상당하리라 추측된다. 오늘날의 부모 세대인 3040층은 이전 세대인 5060층보다 인터넷에 익숙하지만, 향유 기간은 조금 짧은 편이다. 그리고 3040층은 전 세대가 일군 산업화의 과정을 어느 정도는 눈으로 지켜보며 성장했다. 당장 본인이 살던 동네에 고층 아파트가 들어서고, 새로운 도로가 뚫리며, 곳곳에 첨단 과학이 접목되는 변화를 보고 자랐다.

반면 3040층의 자녀 세대는 바깥세상의 변화보다 인터넷 세상에서 일어나는 상전벽해를 생생히 경험했다. 하루에도 수천 개의 새로운 애플리케이션(이하 앱)이 개발되고, 이전보다 발달한 온라인 서비스를 즉시 체험하며, 인터넷 속의 자아를 꾸준히 만들어왔다. 사람을 사귀고 인간관계를 확장해나가는 일마저 인터넷에서 한다. 아이들은 이미 인생의 절반을 인터넷 세상에서 살아왔고, 앞으로는 더 많은 시간을 그 세상에서 보낼 것이다.

이런 변화 속에서 아이들은 디지털 네이티브를 넘어 이제는 'AI 네이티브'로 거듭날 시점에 직면해 있다. 지금 이 시간에도 큰 폭으로 성장하고 있는 AI 시대로 이동해야 한다. 그러니 우리 아이들이 인공지능을 이해하고 그것에 시간을 쏟아야 한다는 점은 두말할 필요도 없는 사실이다. 그리고 이미 변화는 시작되었다.

인공지능, 지배하느냐 지배되느냐

|

　전 세계 전기자동차 시장을 주름잡은 테슬라의 CEO 일론 머스크. 미래의 설계자라 추앙받는 그가 가장 두려워하는 것은 아이러니하게도 인공지능이라 한다. 2017년 일론 머스크는 트위터에 "중국, 러시아 등 강력한 컴퓨터 과학기술을 가진 국가들은 인공지능에서 우위를 점하기 위해 경쟁할 것이며, 이로 인해 제3차 세계대전이 일어날 가능성이 높다. 선제공격이 승리를 향한 가능성 있는 길이라고 한다면, 국가 지도자가 아니라 인공지능 지도자 중 한 명이 시작할 수 있다"라는 글을 게재했다.

　일론 머스크는 꾸준히 인공지능의 위험성을 경고해온 인물이다. 위의 트윗을 게재하기 한 달 전에는 인공지능 무기 전문가 100여 명과 함께 UN에 로봇 무기를 금지할 것을 요청했고, 지속적으로 트위터에 "인공지능이 핵무기보다 훨씬 위험하다"라고 주장해왔다.

　그의 주장은 네트워크에 연결된 인공지능이 기계학습Machine Learning(컴퓨터에 명시적인 프로그램 없이 배울 수 있는 능력을 부여하는 것)으로 스스로 학습하여, 인간의 지식수준을 훨씬 뛰어넘는 지능을 갖게 되면 그들이 결국 인간을 공격할 것이란 이야기다. 영화나 SF 소설 등에서 봤음 직한 스토리다. 인공지능의 기계학습이 개발 단계에 있는 만큼 충분히 가능한 일이기도 하다.

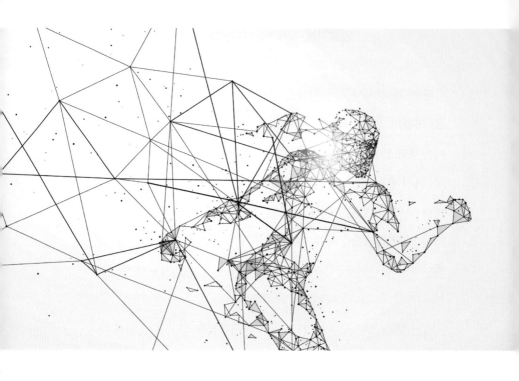

기술은 가치중립적이다. 이를 어떻게 활용하느냐에 따라 기술은 인류에 풍요로
움을 안겨준다.

마이크로소프트의 기술고문 빌 게이츠와 세계적 물리학자 스티븐 호킹 박사도 인간에게 비우호적인 인공지능에 의해 인류가 언제든 위협받을 수 있음을 수차례 경고하며 이에 대한 대비를 설파했다.

반면 페이스북의 CEO 마크 저커버그의 생각은 다르다. 저커버그는 인공지능의 미래에 대한 질문에 자신은 매우 긍정적인 사람으로, 인공지능이 인류를 멸망시킨다거나 부정적 영향을 가져올 것이라고 상상하지 않는다고 밝혔다. 오히려 인공지능이 더 안전하게 주행하는 자동차를 만들어 인명 사고를 줄일 것이며, 병을 진단하고 치료하는 의료용 인공지능이 등장해 인류사에 기여할 것이라고 말한다.

모두가 알다시피 기술은 언제나 가치중립적이다. 어떤 기술이든 쓰는 사람이 좋게 쓰느냐, 나쁘게 쓰느냐에 따라 결과가 달라진다. 저커버그 역시 인공지능을 어떻게 활용하느냐에 따라 선악이 결정된다는 전제 아래에 긍정적으로 내다보고 있는 것이다. 초고도 지능화를 이룩한 인공지능에 의해 인류가 멸망한다거나 지배받는 시나리오는 저커버그에게는 없다.

중국 알리바바의 회장 마윈 역시 인공지능은 인류의 적이 아닌 동반자라는 의견을 견지한다. 일찍이 로봇을 활용한 산업에 관심이 많았던 마윈은 향후 대세는 기계지능이며, 기계가 자기만의 해결책을 생각해 인간이 해결 못 한 일을 대신함으로써 인간의 동반자가 될 것이라고 설명했다. 마윈은 인공지능 시대가 와도 사회를 움직이는 것은 여전히 인간의 몫이기에 인공지능을 두려워할 필요가 없다고 강조한다.

이 모든 논의는 결국 인공지능을 지배하느냐, 인공지능에 지배되느냐의 문제로 모아진다. 미래는 알 수 없는 일이고, 인공지능이 발전할 영역은 무한하기에 어떤 것이 정확한 시나리오인지는 판단하기 어렵다. 그렇다면 가만히 앉아 인공지능의 미래를 기다리고 있어야만 하는가? 그것은 AI 시대를 살아갈 자녀 세대에게 무책임한 행동이다. 그보다는 AI 시대를 앞두고 인간이 갖춰야 할 역량은 무엇이며 어떻게 키워야 하는지를 알려주어야 한다.

그런 점에서 '인공지능과의 공존'을 말하지 않을 수 없다. 인공지능을 지배와 피지배의 흑백논리로 보는 배경에는 지금까지 지능을 인간 고유의 것이라고 보는 관념이 작용해왔다. 이 관점에서 보면 만물의 영장인 인간만이 지녔던 지능을 기계가 침범한 셈이다. 인간의 영역이 침범당할 가능성은 곧 인간의 정체성에 대한 위협으로 이어졌고, 이로 인해 '그렇다면 무엇이 인간인가?'라는 질문에까지 도달하게 되었다. 그렇게 우리는 인간의 영역으로 들어온 기계를 '기어오르지 못하게' 누를 것인가, 인간의 고유성을 '내어줄' 것인가 하는 결론에 도달했다. 인간과 기계는 서로 대치하는 관계로만 존재하는 것일까? 아니다. 우리는 다른 선택을 할 수 있다. 로봇이 인간의 영역에 들어와 함께 살아가는 것이다.

인공지능, 공존을 택해야 하는 이유

|

회전초밥집 하면 떠오르는 풍경이 있다. 레일 위에 초밥이 담긴 접시가 줄지어 이동하고 손님들은 그중 입맛에 맞는 것을 선택해 맛있게 먹는다. 물론 광어 초밥을 집었다가 마음이 변하여 연어 초밥 접시와 교환하기도 하고, 가벼운 주머니 사정으로 비싼 접시를 들었다 포기해야 할 때도 있다. 레일 위에 열 지은 접시는 수시로 바뀌고, 주방에서는 끊임없이 새로운 초밥을 만들어내야 하기에 눈코 뜰 새 없이 바쁘다.

그런데 한 회전초밥집에서 기가 막힌 시도를 했다. 초밥 로봇을 도입한 것이다. 샤리 만들기는 초밥에서 가장 기본이 되는 중요한 과정으로, 지금까지는 일명 초밥 장인이 손의 감각에 기대어 밥을 쥐고 샤리를 만들었다. 그런데 이제는 초밥 로봇이 일정한 크기의 샤리를 신속히 만들어준다. 그러면 요리사는 밥 위에 생선만 얹어 초밥을 완성하면 된다. 한 시간에 3600개의 샤리를 만들어낸다니 사람이 따라올 수 있는 속도가 아니다.

또한 레일을 타고 도는 초밥 접시 위에 IC 태그를 달아 모든 초밥을 관리하고 있다. IC 태그는 접시가 언제 레일 위에 올랐는지를 체크하고, 기준 시간이 지나 오래된 초밥 접시는 알아서 레일 밖으로 밀려난다. 또 손님이 다 먹은 접시를 반환구에 넣으면 기계가 알아서 계산도 해준다. ICT 기술로 자동화된 덕분이다.

사람이 일일이 해야 할 일을 기계가 대신해주니 주방에서는 일손을 덜고 손님들의 만족도도 높아졌다. ICT 기술과 초밥 로봇의 도입으로 이 가게는 대박이 났고 지금도 꾸준히 매출이 증가하고 있다. 사람의 손길이 필수인 초밥집에 기계와 사람이 공존함으로써 이익을 창출하고 혁신을 만들어낸 사례라 할 수 있다.

AI와의 공존이 돋보이는 사례는 얼마든지 있다. 영국 런던에 거주하는 샤크비는 7세에 시력을 잃었다. 하지만 그는 장애에도 불구하고 마이크로소프트의 개발자로 일하며, 자신과 같은 시각 장애인을 돕기 위해 말하는 카메라앱 'Seeing AI'를 개발했다. 전용 스마트 안경을 착용하고 앱과 연동하면 사용자 주변에서 일어나는 모든 일을 음성으로 들을 수 있다. 스마트 안경이 눈앞의 장면을 촬영하고, 앱의 인공지능이 이를 분석해 음성으로 알려주는 방식이다. 앞에 계단이 있다거나 한 소년이 길거리에서 보드를 타고 있다는 음성 설명 덕분에 시각 장애인은 주변의 위험을 감지할 수 있어 보다 안전한 생활이 가능해진다. 이뿐만이 아니다. 대화 중 상대

인공지능은 기계학습을 통해 알고리즘 개발이 어려운 분야에서도 해결책을 찾아 나가고 있다.

방의 표정이나 동작이 궁금할 때도 Seeing AI가 도움이 된다. 스마트 안경이 대화 상대의 표정과 행동을 음성으로 설명해주기 때문이다. 아직 초기 단계지만 Seeing AI의 사례는, 인간이 인간답게 살아갈 수 있도록, 장애인이 비장애인과 공존할 수 있도록, 인공지능과 인간이 공존하는 모습을 잘 보여주는 단편이다.

○ ○ ○

세계경제포럼의 클라우스 슈밥 회장은 '4차 산업혁명'이라는 개념을 다보스포럼에서 처음 부각시키며 앞으로 과학기술과 디지털화가 모든 것을 완전히 바꿀 것이라 예측했다. 이는 피할 수 없는 현실이며 그 전파 속도가 굉장히 빠르다는 점 역시 강조했다.

변화의 전환기에서 클리우스 슈밥이 던진 이야기는 시사하는 바가 크다.

"모든 산업과 기업은 파괴적 혁신을 해야 하는가가 아닌, 파괴적 혁신은 언제 어떤 형태로 올 것이며 우리 자신과 조직에 어떤 영향을 미칠 것인가를 생각해야만 한다. 다가올 파괴적 변화라는 현실과 그 영향을 피할 수 없다는 것이 인간의 무력함을 뜻하는 것은 아니다. 정책 선정의 기준이 되는 공통의 가치를 확립해 4차 산업혁명이 모든 사람에게 기회를 주는 변화가 되도록 이끄는 것이 바로 우리 몫이다."

역사를 통틀어 인류는 수없이 많은 변화의 시기를 거쳐왔다. 각 시대마다 변화를 새로운 기회로 활용한 이들은 번영을 누리며 영속해왔고 방관하거나 회피한 자들은 도태했다. 세상의 변화를 그저 경탄의 눈으로 바라보며 무조건 숭배하는 것도 바람직하지 않지만, 인공지능을 마냥 두려워해 변화를 거부하는 것 또한 인류 발전의 역사적 관점에서 볼 때 적합하지 않다. 우리는 변화한 세상에 발맞춰 인공지능과 공존할 방법을 찾고 그 안에서 인간이 더욱 인간답게 살 수 있는 지점을 살펴봐야 한다. 이것이 AI 세대인 아이들을 위해 앞선 세대가 해야 할 일이며 교육이 나아가야 할 방향이다.

2장

10년 후, 내 아이의
꿈이 사라진다

인공지능이 인간의 일자리를 빼앗는다

2017년 충격적인 인사 개편이 벌어졌다. 세계적인 대형 투자은행인 골드만삭스가 600명에 달하던 주식 매매 트레이더를 2명만 남기고 모두 해고한 일이다. 인공지능 투자분석 프로그램 '켄쇼 Kensho'를 도입하면서 15명이 4주 동안 분석할 일을 단 5분 만에 해치우자 골드만삭스는 굳이 인간 투자분석가가 있을 필요가 없다며 이 같은 인사를 단행했다.

골드만삭스는 왜 인공지능 켄쇼를 개발했을까? 크고 작은 자본이 실시간으로 움직이는 금융 현장에서 정보분석은 필수다. 넘쳐

나는 정보를 재빨리 분석하여 투자의 방향을 세우고 최적의 투자 시기를 정해야 하는데, 이 일을 지금껏 주식 매매 트레이더가 담당해왔다. 그런데 켄쇼를 도입하면서 상황은 크게 바뀌었다. 켄쇼는 4주 동안 분석해야 할 정보를 단 5분 만에 처리했다. 딥러닝Deep Learning, 정보를 군집하거나 분류하는 기술로 스스로 학습하며 정보를 분류하고 분석하여 투자에 필요한 정보를 제공하는 기술이 이러한 결과를 불러왔다. 그 신속성과 정확성은 가히 사람이 따라잡을 수 없었다. 켄쇼는 단순히 업무의 속도와 시간을 절약할 뿐 아니라 다양한 기능도 포함하고 있다. 특정 종목에 대한 리포트가 나오면 여기서 긍정과 부정의 신호를 찾아내고 인공위성을 통해 실적에 영향을 미칠 수 있는 다양한 현상을 포착하여 투자에 반영할 수 있는 기술력까지 갖췄다고 한다.

켄쇼의 뛰어난 능력은 600명에 달하는 인간의 일자리를 빼앗았다. 프로그램 하나가 기백 명의 직장을 앗아가는 이런 일은 앞으로 더욱 심화될 것이다. 인간보다 효율적이며 편리한 인공지능에 이윤을 추구하는 기업은 매력을 느낄 수밖에 없다.

이 이야기에서 보듯이 인공지능이 인간의 어떤 직업을 언제, 얼마나 대체할 것인지에 대해 물어본다면, 그건 간단히 답할 수 있다. 이미 많은 연구가 섬뜩한 결과를 내놓고 있기 때문이다.

글로벌 컨설팅사 매킨지는 2017년 보고서 「사라진 일자리, 새로운 일자리: 자동화 시대의 노동력 이동」를 통해 지구상 직업 중 많으면 60%, 적으면 30%가 2030년까지 자동화될 것이라고 내다봤다. 우리는 자동화로 인한 대량 해고의 두려움을 이미 겪은 바 있다. 2차 산업혁명 시기, 공장의 단순 노무를 자동화된 기계와 로봇이 대체하면서 대량의 공장 노동자가 거리에 나앉았던 역사가 그 것이다. 미래에는 공장뿐 아니라 면대면 서비스 분야까지 모두 자동화 기계나 인공지능이 대신하면서 우리의 일자리는 순식간에 사라질 것이다. 매킨지의 보고서에 따르면 가장 먼저 사라질 가능성이 높은 직업 1순위가 패스트푸드 매장 직원이라고 하니, 당장 아르바이트로 학비를 벌어야 하는 대학생부터 절벽으로 내몰리게 된다. 이 현상은 이미 나타나고 있다.

전문가들도 인공지능에 의한 고용시장 변화는 극심할 것이라 전망한다. 이로 인해 세계 경제를 책임지는 재계 거물들도 인공지능의 고용에 대한 저마다의 관점을 고심하고 있다. 그들은 이미 인공지능이 모든 산업구조를 바꾸기 시작했다고 경고한다.

우리나라 역시 미래 일자리 변화를 예의 주시하며 인공지능이 우리 산업에 어떤 영향을 끼칠지 파악하고 있다. 한국고용정보원은 2017년 인공지능으로 대체될 가능성이 있는 일자리에 대해 국

무인정보단말기 키오스크의 등장으로 햄버거집 알바생, 고속도로 톨게이트 수납원 등이 사라지고 있다.

내 인공지능 로봇 전문가를 대상으로 설문조사를 진행했다. 이 조사에 따르면, 2025년까지 국내 직업종사자의 61.3%가 인공지능·로봇으로 대체될 가능성이 높은 직업에 종사할 것이라고 예측하고 있다. 그러니까 61.3%의 사람들은 2025년이 될 때까지 로봇에 대체되지 않을 직업으로 바꾸지 않으면 일자리를 잃을 수도 있다는 얘기다.

○○○

이쯤해서 교육학자인 나를 가장 섬뜩하게 만드는 것은, 지금 아이들이 그리고 있는 미래와 그 꿈을 향한 공부가 물거품이 될 수도 있다는 사실이다. 꿈이 변호사여서 열심히 법 공부를 했지만 AI 변호사의 판례 및 법리 검토 속도를 따라가지 못해 로펌에 취직하지 못할 수 있다. 또 프로 축구선수가 되겠다고 어릴 때부터 공만 찼는데 로봇 축구가 훨씬 인기를 끌면서 아이의 꿈은 인간들의 프로 축구리그와 함께 사라져버릴 수도 있다.

우리에게 꿈은 곧잘 '미래에 갖고 싶은 직업'으로 통한다. 아이들에게 꿈이 뭐냐고 물으면 대개 대통령이 되고 싶다거나 우주비행사가 되고 싶다는 대답이 돌아오는 것처럼. 그런데 인공지능이 인간의 일자리를 대체해버린다면, 아이들의 꿈은 어디로 사라지게 될까? 이 세상은 꿈을 꿀 수 없는 세상이 되는 것일까?

아직도 미래에 필요하지 않을 지식을 배우게 하는가?

|

의사는 선망받는 직업이다. 의사가 되기 위해서는 학창 시절부터 공부를 열심히 해야 하고, 의과대학에 가서 전문 지식을 머릿속에 넣기 위해 싸워야 한다. 그뿐만 아니라 기나긴 수련의 과정을 거쳐야 한다. 그런데 내 자녀가 의사가 되기 위해 치열하게 공부했는데, 막상 성장하고 나니까 로봇 의사가 진료와 수술을 다 하는 바람에 의사가 될 기회를 놓친다면 어떡해야 할까? 내 아이가 공부했던 모든 시간이 의미 없어지는 것은 아닐까?

세계경제포럼WEF의 일자리 보고서에 따르면 4차 산업혁명의 영향으로 2019년 초등학교에 입학한 어린이의 65%는 기존에 없던 새로운 직업에 종사할 것이라고 한다. 그뿐만 아니라 평생에 걸쳐 평균 7개의 직업을 갖게 될 것이라고 내다보고 있다. 무슨 직업인지는 어렴풋이 짐작만 할 뿐 정확한 직업명이나 업무 내용은 현재로서는 알 수 없다. 중요한 점은 일본의 경영 컨설턴트 스즈키 다카히로가 저서 『직업소멸』에서 말한 것처럼, 이대로 시간만 보내다가는 자칫하면 우리 아이들은 30년 후 일자리를 잃고 소일거리나 하며 살게 될지 모른다는 점이다.

현재 고소득을 올리는 상위 계층의 화이트칼라 직업군은 다르지 않을까? 그렇지 않다. 영국 옥스퍼드대학교 마이클 A. 오즈번 부교수는 논문 「고용의 미래: 컴퓨터화로 일은 사라질까?」를 통해 딥러 닝의 발달로 단순 노동부터 두뇌를 움직이는 지식 노동까지 모든 일이 인공지능으로 대체될 수 있음을 밝혔다. 이 말인즉슨, 더 이상 화이트칼라의 고차원적인 업무도 로봇의 물결에 안전치 못하다는 뜻이다.

이런 상황에서 우리는 교육이 지금 어디에 위치해 있는지 통찰 해보지 않을 수 없다. 미국의 미래학자 엘빈 토플러는 한국이라는 작은 나라에 관심이 많았다. 2012년, 별세하기 4년 전에 엘빈 토플 러는 심포지엄 참석차 한국을 찾아 우리나라에 다양한 조언을 전 했다. 그는 한국의 15년 후를 예측하는 보고서에서, 오늘날 한국은 저임금 경제를 바탕으로 하는 종속 국가로 남을 것인가 아니면 경 쟁력을 확보하고 세계 경제에서 주도적 임무를 수행하는 선도국으 로 남을 것인가, 그 선택의 기로에 서 있다고 말했다. 그러면서 한 국의 교육 방식에 대해 비판했는데, 그 말이 뼈저리다.

"한국의 학생들은 하루 15시간 동안 학교와 학원에서 미래에 필 요하지도 않은 지식과 미래에는 있지도 않을 직업을 위해 시간을 낭비하고 있다."

세계적 베스트셀러 『제3의 물결』을 쓴 저명한 미래학자의 눈에 우리 교육은 전혀 미래를 대비하지 못하고 있었던 듯하다. 그리고 8년의 시간이 지난 지금 우리의 교육 방식은 어떠한가? 여전히 주입식, 암기식, 객관식 일변도로 그때와 전혀 다르지 않다.

○ ○ ○

인공지능에 의해 인간의 일자리가 사라질 것이라는 예측에 두려울 수 있다. 무기력에 빠지거나 패배감을 느낄 수도 있다. 일각에서는 똑똑해진 기계로 인해 인간이 쓸모없어질 것이라는 판단에 자살률이 증가하리라는 안타까운 전망을 내놓기도 한다. 하지만 나는 인간이 새로운 일자리를 만들어낼 것이며 변화의 시대를 꿋꿋이 살아가리라 믿는다. 왜? 교육이 존재하기 때문이다.

인류 발전의 역사는 '과학기술 발달'과 '교육 개혁의 역사'였다. 과학기술은 산업 혁신의 향방을 결정했고 사회 시스템의 총체적인 변화를 불러왔다. 이는 인간의 삶에서 무엇보다 중요한 고용시장의 변화를 가져왔으며, 교육체제는 이러한 시대적 요구에 따라 재편되었다. 즉, 교육은 인류가 변화에 적응하고 더 나은 삶을 살 수 있도록 돕는 징검다리 역할을 해왔다.

우리는 4차 산업혁명 시대를 맞아 한번 더 도약을 준비해야 한다. 교육은 AI 세대인 아이들이 스스로의 힘으로 살아갈 수 있는 역량을 길러주는 일을 고민해야 한다.

AI 시대, 부와 권력은 어디로 향하는가?

|

1784년 증기기관이 발명되면서 1차 산업혁명이 시작된다. 이전의 농업 중심 사회는 해체되고 부와 권력은 기계를 보유한 자본가에게로 이동했다. 정치적으로는 제국주의가 전개되고, 경공업의 혁신으로 대량생산이 가능해지면서 농민들은 도시의 공장 노동자로 전환되었다.

2차 산업혁명은 1870년 상업용 발전기 발명과 강철 제조기술의 발달로 시작되었다. 이때쯤 세계의 권력과 부는 유럽에서 미국과 러시아로 넘어간다. 두 차례 세계대전을 거치면서 과학기술의 핵심역량 개발이 국가의 패권을 쥘 수 있는 열쇠임을 인지한 미국과 러시아가 군사과학 기술에 자본을 투입한 것이다. 2차 산업혁명 시기, 과학은 그 자체로 부이자 권력이었다. 반면 1차 산업혁명 후 급격히 늘었던 공장 노동자는 공장의 자동화로 인해 대규모 실업에 빠진다. 전기 기술을 다룰 수 없는 일반 노동자의 경우 사회 계급의 바닥으로 곤두박질치고 만다.

이어진 3차 산업혁명은 펜실베이니아대학교 와튼스쿨의 교수이자 『노동의 종말』과 『소유의 종말』 시리즈로 유명한 제러미 리프킨 교수가 2011년에 출간한 『3차 산업혁명』을 통해 회자되었다. 제러미 리프킨 교수는 인터넷과 재생에너지가 3차 산업혁명을 도래시키는 원동력이 될 것이라 말했다. 인터넷이 확산되며 정보통신 기술과 물류, 에너지, 통신 등이 융합될 것이라 내다보았으며, 각 건물마다 설치된 미니 발전소와 저장 축전지로 에너지 자체 생산과 소비가 가능하고, 잉여 에너지는 인터넷 기술과 결합해 스마트 그리드상에서 유통될 것이라고 보았다.

즉, 그가 설명한 3차 산업혁명의 부와 권력은 인터넷 정보통신 기술에 능한 사람, 세계의 제한된 에너지원을 소유 또는 조절하는 사람에게 옮겨간다는 뜻이다. 실제로 제러미 리프킨 교수가 『3차 산업혁명』을 출간한 지 불과 10년도 지나지 않은 지금, 정보통신 기술을 접목한 사업을 펼친 기업이 시장을 선도하고 있다.

각 산업혁명기를 보면, 부와 권력은 그 시대에 가장 중요한 과학 기술에 의존해 이동한다는 점을 알 수 있다. 핵심 산업의 주류를 선점하거나 거대 자본으로 기술력을 빠르게 보완한 기업이 시대의 부와 권력을 독차지한 것이다.

그렇다면 지금, 4차 산업혁명 시대의 부와 권력은 누구에게로 향하고 있을까? 4차 산업혁명은 3차 산업혁명의 연장선에서 초연결성과 빅데이터 분석, 인공지능 기술을 활용한 초지능성을 그 특징으로 규정할 수 있다. 수없이 쏟아지는 인터넷 속 데이터를 가능한 한 빨리 차지하여 창조적으로 분석해 인류에 유의미하게 활용하느냐로 부와 권력의 주인이 결정될 것이다.

산업혁명을 통한 기술혁신은 기존 일자리를 사라지게 하면서 동시에 새로운 일자리를 창출해왔다.

여기서 유념해서 볼 것은 역시 인공지능 기술이다. 정보통신 기술의 발달로 빅데이터에 접근할 수 있는 기회는 누구에게나 열려 있다. 그러나 데이터에서 유의미한 가치를 발견해 재창조하는 것은 해당 분야에 지식이 있는 자만이 가능하다. 여기에 데이터를 포착하고 분석할 수 있으며 새로운 데이터가 쌓일 때마다 스스로 학습하여 더 효율적으로 처리해내는 방법을 습득한 인공지능을 보유한다면 초디지털 전쟁에서 선두를 차지할 수밖에 없다. 즉, 인공지능과 공존할 수 있는 사람만이 미래에 부와 권력을 거머쥔다는 얘기다.

우리는 여기서 앞으로의 세대가 경제적으로 윤택하게 살아가기 위해서는 어떠한 분야에 초점을 맞춰야 하는지에 대한 힌트를 얻을 수 있다. 빌 게이츠도 "세상이 인공지능을 중심으로 새롭게 구축되고 있다. 내가 만일 젊은 시절로 돌아간다면 인공지능을 공부할 것이다"라고 말하지 않았던가.

실제로 세계의 재화와 자본은 이미 인공지능 산업으로 이동 중이다. 미국에서는 인공지능의 경제적 파급효과가 2035년까지 8500조 원에 이를 것이라 보고 있다. 국내에서도 2030년까지 460조 원에 달하는 인공지능 시장이 형성될 것이라 예측하고 있다. 또 글로벌 시장조사기관인 스태티스타Statista가 발표한 자료에 따르면 전 세계 인공지능 시장이 2018년에 4조 3519억 원 규모에서 2020

년에 11조 2860억 원으로 성장한 후, 2025년에는 64조 438억 원 규모에 이를 것으로 전망하고 있다. 이런 성장세를 볼 때, 인공지능을 이해하고 활용할 줄 아는 인재가 새로운 부의 주인이 될 것은 명백한 사실이다.

○ ○ ○

한 걸음 더 나아가 우리가 눈여겨봐야 할 연구가 있다. 서울대학교 유기윤 교수 연구팀이 밝힌 '미래 도시 4계급'이다.

연구에 따르면 미래 도시에는 플랫폼 소유주, 플랫폼 스타, 프레카리아트, 인공지성이라는 4계급이 존재한다고 한다. 플랫폼 소유주나 플랫폼 스타는 이미 현시대에도 존재하며 새로운 권력자로 인정받고 있다. 구글, 아마존 등 수많은 유저를 모으고 콘텐츠를 소비하게 하는 가상공간(플랫폼)은 이미 인터넷 세상을 지배하고 있다. 유명 유튜버, 크리에이터를 비롯한 플랫폼 스타도 많다. 프레카리아트는 일반 시민에 속한다. 플랫폼이라는 미래 기업에 접속해 살아가는 사람들로 오늘날의 직장인, 자영업자, 전문직 종사자가 이에 해당된다.

그렇다면 인공지성은 무엇일까? 그들이 누구이길래 미래 사회의 한 계급을 차지하는 것일까? 인공지성은 스스로 진화하는 인공 생명체를 말한다. 그러니까 지금까지와는 달리 우리의 삶에 인공 생명체가 이웃처럼 살아가는 것이다. 인공지성들은 마치 인간처럼 스스로 학습하며 정의를 판단하고 서서히 개체수를 늘려갈 것이다. 2090년이 되면 사회의 절반을 인공지성이 차지할 것이라는 예측도 나오고 있다.

인간보다 빠르고 정확하게 데이터를 셈하고 분석, 분류하는 인공지성이 사회의 절반을 차지하면 우리 후세는 중요한 데이터나 일자리를 놓고 인공지성과 경쟁을 벌이게 된다. 심지어 미래에는 인간의 삶의 절반이 가상현실에서 이루어지고, 진짜 현실과 가상현실을 오가며 경제활동을 하게 된다는 추측도 나오고 있다. 가상현실에서는 오히려 인공지성이 원주민이고 인간이 이방인일 수도 있다. 이 엄청난 변화 속에서, 인간들 사이에서만 이동하던 부와 권력이 아예 인공지성에게로 넘어갈 수도 있는 일이다.

상상조차 하기 어려운 변화를 목전에 두고 생각해보자니 수술실에서 선명하게 떠올랐던 하나의 깨달음이 스친다. 우리는 인공지능을 잘 이해하고 그들과 공존하는 걸 넘어서 인공지능에게서 발견할 수 없는 인간다운 무언가를 키우지 않으면 안 된다는 사실 말이다. 그렇다면 인간만이 가진, 인간다운 요소는 과연 어디에 있는가? 나는 '감성적 창의성'에서 그 답을 찾았다.

미래의 자생력, 감성적 창의성은 하늘에서 뚝 떨어진 새로운 개념도, '천재적인 번뜩임' 같은 특출한 능력도 아니다. 기계와 차별되는 인간만의 본성인 감성에 일상의 다양한 존재와 활동을 새롭게 배열하고 통합하고 연결하는 창의성을 더한 개념이다. 이는 '통찰력 있는 창의성', '통찰력 있는 융합', '통찰력 있는 리더십'으로 기를 수 있으며 세부적으로 '감성', '동기', '융합', '수정', '유연성' 그리고 '행복한 잡종으로 이끄는 내면력'으로 완성된다. 결국 감성적 창의성은 인간을 더욱 인간답게 만드는 원동력이다.

2부
—
자생력은 무엇인가?

WILD

3장

자생력을
구성하다

인간만의 고유한 능력인 감성에 창의성을 겸비한 미래의 자생력인 '감성적 창의성'은 심리학에서 가져온 개념이기 때문에 추상적일 수 있겠지만 뿌리가 되는 구성인자를 파악하면 이해하기가 한결 쉬워진다.

이 자생력은 다음 그림처럼 융합, 창의, 리더십 세 축으로 구성되어 있는데 그것들은 모두 '통찰력'을 바탕으로 한다. 통찰은 한마디로 수평선 너머까지 꿰뚫는 힘이다. 현상을 꿰뚫어 보려면 사물이나 현상의 다면을 보고 입체적 각도에서 생각하고 질문할 수 있어야 한다. 통찰은 개개인의 능력이나 환경에 좌우되지 않고 경험의 축적과 노력 여하에 따라 향상될 수 있는 지극히 감성적인 요소다.

통찰 위에 창의적인 생각이 움트고, 정보와 지식을 연결하는 융합적 사고와 리더십을 발휘할 때 비로소 자생력은 자리를 잡는다.

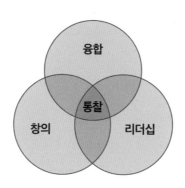

자생력의 세 가지 축을 자세히 살펴보자.

첫 번째 필요조건은 '통찰력 있는 창의성'이다. 앞서 자생력의 본질을 감성적 창의성이라 정의했는데, 창의성은 그만큼 자생력의 핵심 요소다. 4차 산업혁명 시대는 어느 때보다 인간의 특성인 창의적 사고를 필요로 한다. 여기서 잠시 창의성에 대해 언급하자면, 창의성은 오랜 역사를 지닌 심리학 개념으로 '만들어냄', '새로움', '보람 있음'의 복합적 의미를 담고 있다.

'만들어냄'은 특별하고 새로운 것을 만들어 함께 문제를 해결한다는 뜻이다. 만든다는 행위는 능동적으로 환경을 바꾼다는 의미인데 그러려면 인간의 능력이 더 투입되어야 한다. 즉, 자아결정적인 행동이 바탕을 이루게 된다. '새로움'은 기존에 없었던, 또는 기존 것을 변형한 새로운 생각이나 사안을 뜻한다. 남들이 생각한 것이 아니어야 하며 새로운 것일수록 더 창의적인 것이 된다. 아무도 모르고 아무도 생각하지 못한 문제, 방법, 해답일수록 비상한 창의성이 발휘되었다 할 수 있다. '보람 있음'은 새롭게 만든 것이 보람 있는 존재여야 한다는 뜻이다. 보통은 무언가를 창조하고 발견할 때 그 보람을 실용의 가치로 따지는 경향이 있다. 하지만 창작자 자신이 찾는 보람은 실용성보다 진선미의 보람이다.

창의성은 현재 상황에서 문제를 발견하고 이를 개선하고 해결하려는 일련의 과정을 거쳐 완성되는데 먼저 끊임없는 질문이 동반되어야 한다. 하버드대학교 교육심리학 교수인 하워드 가드너가 말했듯 '상자 밖에서 생각하는 것'이 요구된다.

하지만 가드너의 말만 듣고 고정관념에서 벗어나 틀을 깨는 사고만을 떠올린다면 조금 성급한 판단이다. 가드너는 상자 밖에서 생각하려면 먼저 '상자'가 필요하다고 말한다. 그 상자란 무엇일까? 이는 전문적인 지식 위에 꽃피는 융합적 사고를 의미한다. 다시 말해 상자 밖에서 생각하는 창의성을 발휘하기 위해서는 기본적인 지식이 전제를 이루고 융합적 사고가 일어나야 한다는 말이다. 여기에 창의적 인성을 기르도록 격려할 때 자생력이 튀어나올 수 있다.

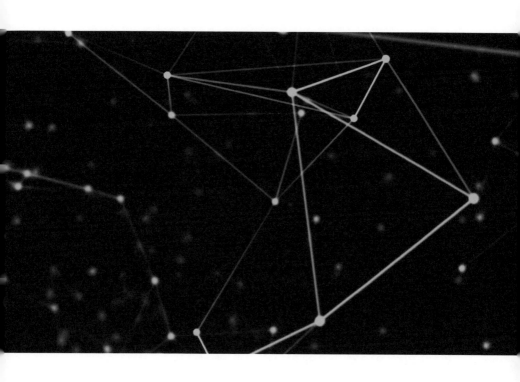

자생력은 '통찰력 있는 창의성', '통찰력 있는 융합', '통찰력 있는 리더십'의 조화
로 완성된다.

'통찰력 있는 융합'은 4차 산업혁명 시대의 큰 특징이자 자생력의 두 번째 필요조건이다. 미래는 참 많은 것이 연결되어 있다. 감각의 결합 및 융합, 지식의 결합 및 융합, 사고의 결합 및 융합 등 모든 것이 융합이다. 이 시대 속에서 교육은 어떻게 다양한 조합을 이뤄 융합을 촉진할 수 있을지 모색해야 한다. 수백 수천의 결합과 융합을 거쳐 관통하는 법칙을 발견할 때 자생력에 한 걸음 더 가까워질 수 있다.

마지막으로 자생력의 세 번째 필요조건은 '통찰력 있는 리더십'이다. 대한상공회의소에서 발표한 2018년 기업이 원하는 인재상 1위의 덕목은 '소통과 협력'이었다. 언뜻 생각하기에는 테크놀로지가 지배하는 초디지털 세계와 맞지 않는다고 여길 수 있으나 그렇지 않다. 앞으로 정보와 지식의 확장 및 보급은 지금보다 더욱 급속하게 이루어질 것이다. 넘쳐나는 정보의 홍수 속에서 유용한 것을 선택하고 적용하기 위해 필요한 것이 바로 통찰력 있는 리더십이다.

가드너는 그의 다중지능이론에 근거하여 리더에게 필요한 능력을 '사람의 마음을 움직이는 설득력 있는 이야기를 할 수 있고, 자신을 돌아보며 자신이 누구이고 어떤 일을 해야 하는지를 아는 통찰력'이라 말했다. 그가 정의한 리더십은 자생력의 필요조건인 리더십과 거의 일치한다. 4차 산업혁명 시대에서 리더십이란 사람과 사람의 관계에 대해, 그들의 마음을 움직이는 언어에 대해 고민하고, 이 시대에 자신이 할 일을 발견하는 것이다. 이때 소통하고 협력하는 자세는 당연하다.

자생력의 3요소, '통찰력 있는 창의성'은 '감성'과 '동기', '통찰력 있는 융합'은 '융합'과 '수정', '통찰력 있는 리더십'은 '유연성' 과 '행복한 잡종으로 이끄는 내면력', 이 6가지 구성 요소로 파악할 수 있다. 이렇듯 자생력을 자세히 들여다보면 본래 인간이 소유하고 있는 가치에 초점을 맞춰 극대화한다는 점을 알 수 있다. 지금까지 제대로 발현하지 못했을 뿐, 시대 흐름과 호흡하며 이제야 이끌어 내는 사람다움의 역량이다. 기계의 은혜를 자양분 삼아 인간이 더욱 인간다워지는 능력이다.

4장

A.I는
따라올 수 없는 감성

감정을 느끼는 기계의 등장

생긴 게 꼭 물범 같다. 보드라운 털도 있어 언뜻 보면 강아지 같기도 하다. 인간에게 정서적 안정감을 주기 위해 개발된 의료용 로봇 '파로PARO'에 대한 이야기다. 일본에서 개발된 파로는 노인들의 심리치료를 위해 쓰이고 있다. 파로에는 센서가 달려 있어 사람과 눈을 맞추기도 하고 털을 쓰다듬으면 동물처럼 소리를 내면서 사람에게 안기기도 한다. 내장된 카메라로 사람의 얼굴을 인식하기 때문에 처음 만나는 사람을 구분할 줄 알 수 있고, 혼자서 놀이 활동도 가능하다. 파로와 함께한 노인들은 자신의 감정에 반응해줄 상대가 생겼다는 사실에 기쁨을 느낀다고 한다.

때때로 영화관에 가면 감정을 지닌 인공지능이 등장하는 작품을 심심찮게 보게 된다. 영화 〈에이 아이〉, 〈아이, 로봇〉, 〈그녀〉에서는 감정을 느끼는 로봇과 사람이 교감하는 이야기가 펼쳐진다. 특히 〈그녀〉는 아내를 잃은 상실감에 빠진 남자 주인공이 인공지능 운영체제인 사만다와 감정을 교류하면서 치유되는 과정을 그리고 있다.

감정을 느끼고 반응하는 인공지능 기술을 감성 컴퓨팅affective computing이라 한다. 현재 인류는 감성 컴퓨팅 분야에 부단히 노력을 기울이고 있으며 실제로 그 규모는 갈수록 커지고 있다. 감성 컴퓨팅은 말 그대로 인간의 감성을 인지·해석·처리할 수 있는 시스템의 개발과 연구를 뜻한다. 근래에는 기술력이 더 고도화되면서 사용자가 느끼는 미묘한 감성 변화까지 알아차리는 수준에 이르렀다고 한다.

차가운 쇠붙이로 이뤄진 로봇이 어떻게 사람의 감정을 읽을 수 있을까? 감성 컴퓨팅의 기술력을 살펴보면 그 원리를 파악할 수 있다. 가령 로봇은 입력된 사용자의 신체 상태나 행동에 대한 데이터를 수집한다. 이 데이터는 사용자의 감정을 인지하기 위한 단서 역할을 한다. 마이크로 음성을 측정하고, 비디오카메라로 표정과 몸동작을 찍고, 센서로 체온 정보를 얻어 이러한 데이터를 통합해 사용자의 감정을 분석하는 것이다. 이때 음성 인식과 언어 분석, 표정 감지는 기계학습을 통해 패턴을 추출한 뒤에 이루어진다. 생각보다 매우 과학적인 근거를 갖고 감정을 인식하는 것이다.

○ ○ ○

파로의 이야기로 다시 돌아가보자. 노인이 파로의 털을 쓰다듬을 때, 단순히 보드라운 털의 감촉을 느끼고 싶어서 쓰다듬는 건 아니다. 노인은 교감을 원하는 만큼 그 감정이 자연스레 표정에 드러나고 의성어를 사용해 대화를 시도할 수도 있다. 파로는 센서로 그 모든 감정, 음성, 표정 등의 정보를 수집한 뒤 기계학습으로 감정의 패턴을 뽑아내는 것이다. '교감을 나누고 싶다'는 감정 패턴을 분석한 파로는 사용자의 품에 안기도록 프로그램화된 대로 노인에게 달려가 안긴다. 노인은 자신의 마음을 알아준다고 여기며 위안을 받는 것이다.

실제로 파로가 일본의 의료 시장에 미치는 변화는 상당했다. 도쿄의 한 요양시설에 입주한 70세 이상 노인 12명을 대상으로 실시한 임상 실험에서 그들의 스트레스가 큰 폭으로 감소한 것을 호르몬 수치로 확인할 수 있었다. 털북숭이 물개 로봇이 입원 환자와 요양시설 수용자, 간병인의 스트레스를 줄인 것은 물론, 간병인과 피간병인의 교감을 도와 심리적 안정을 촉진하는 효과를 주었다.

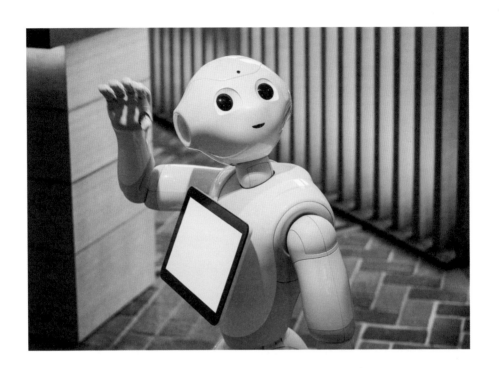

사람처럼 대화하고 움직이면서 사람과 정서적으로 소통하는 감성로봇이 확대
되고 있다.

이런 이유로 노인 심리치료에 인공지능 로봇 도입에 관한 논의가 활발해지고 있고, 관련 시장도 커지고 있다.

여기까지만 들으면 '이제 로봇이 감성적 기능까지도 해내는구나!'하고 깜짝 놀랄 것이다. 하지만 과연 그럴까?

○ ○ ○

내게는 눈에 넣어도 아프지 않을 예쁜 손주 녀석들이 있다. 정기적으로 손주들을 만날 때마다 우리는 다양한 표정을 주고받고 말로 마음을 전하며 감정을 나눈다. 인공지능 도우미가 내 손주들을 돌본다면 어떨까? 아마도 아이가 요구하는 것에 즉각 반응하며 작은 것에서부터 큰 문제에 이르기까지 해결해줄 것이다. 하지만 아이가 짓는 아리송한 표정을 알아채고 어리숙한 말투에서 우러나는 진심을 깨닫기란 어렵지 않을까?

기계가 감정을 유추하는 과정은 파로의 사례처럼 다양한 센서를 통해 감지되는 신체적 변화를 기계학습으로 예상하고 대응하는 방식이다. 즉 기계는 감정을 프로그래밍이 된 기능으로 출력한다. 사람과 같이 사물이나 사건에 심리적으로 반응하는 능력이 아니라 방대한 데이터를 알고리즘화해 흉내 낸 것뿐이다.

게다가 인간의 감정은 데이터를 분류하듯 기계적으로 나누기 힘들고, 상황에 따라 개인에 따라 변수가 너무 다양하다. 감성 컴퓨팅 기술의 발달로 인공지능은 인간의 감정을 빅데이터로 파악해 유추할 수는 있다. 하지만 기쁨과 사랑, 슬픔과 분노 같은 복잡한 인간 감정 체계에 대해 완벽히 규칙을 정하고 연산하기란 어렵지 않을까?

나는 인공지능 로봇 개발의 최전선에서 개발자로 일하는 전문가에게 "로봇이 인간의 감성을 뛰어넘을 수 있을까요?" 하고 진지하게 물은 바 있다. 당시 그분은 "거의 그럴 확률은 없다고 봅니다. 사람의 감정은 너무 세분화되어 있고 변수도 무척 많아요. 기계는 프로그램화되어 있기 때문에 각각의 변수에 대처하는 건 거의 불가능합니다"라고 답했다.

로봇 연구의 권위자인 데니스 홍 박사 역시 인터뷰에서 "인공지능 로봇이 인간의 수준에 도달할 수 있는가?"라는 질문에 이렇게 답했다.

"불가능하다고 생각합니다. 공학자들이 사람 같은 로봇을 만들려면 감정과 자아를 이해해야 하죠. 그러나 아직 뇌의 작동 원리를 완벽히 파악하지 못한 상황이라 그런 로봇은 나올 수 없다고 봅니다. 네트워크가 자각할 수도 있다는 얘기도 많지만 이를 뒷받침할 수 있는 과학적인 논거는 어디에도 없습니다."

두 전문가의 말을 빌렸지만, 내 생각도 마찬가지다. 데이터를 기반으로 작동하는 기계의 감성과 인간의 감성에는 근원적 차이가 존재할 수밖에 없지 않겠는가.

세상은 감성을 원한다

|

세계적인 골퍼 렉시 톰슨은 세계 랭킹 5위의 유명 골퍼다. 운동 기계로 불릴 만큼 쉴 틈 없이 운동에 매진하던 그녀가 2018년 돌연 메이저 대회인 브리티시여자오픈을 포함하여 한 달 동안 휴식기를 가지겠다는 입장을 발표한다.

"지난 1년간 정신적으로 힘든 부분이 있었기 때문에 잠시 골프
경기에서 벗어나 나를 위한 시간을 갖고 재충전을 하겠습니다."

현직 운동선수로서 한 달의 휴식은 대단한 결심인 동시에 우려스러운 일이다. 그럼에도 그녀는 한 달의 휴식기를 보낸 후 돌아와 이렇게 심정을 털어놓았다.

"나는 로봇이 아니에요. 내 인생이 필요합니다. 지난 1년 반 동안
ANA 대회를 치루는 중에 어머니는 암 투병을 하셨고, 할머니는 돌
아가시는 등 수많은 일이 있었습니다. 하지만 나는 계속 괜찮은 모

습을 보여야 했고, 여전히 골프를 할 수 있다는 걸 보여줘야 했죠. 솔직히 내가 어떻게 플레이했는지조차 모르겠습니다. 쉬는 동안 상담사들을 만났어요. 그들은 골프가 인생의 전부가 아니라고 말해주었어요. 나는 5세부터 골프에 자신을 쏟아붓고, 연습하고, 훈련만 해왔습니다. 기계처럼 행동했고 그게 전부였죠. 하지만 이제는 골프 말고 나를 정말 행복하게 해주는 게 무엇인지 알고 싶어요."

자신은 로봇이 아니며 정서적인 삶을 추구해야 한다고 말하는 그녀의 이야기는 사람에게 감정이 얼마나 중요한 요소인지를 말해준다. 무엇보다 한 차례 감정의 침체기를 겪고 극복한 후 그녀는 한 단계 더 진보한 골퍼로 거듭나고 있다. 쉴 새 없이 훈련만 반복하던 패턴에서 벗어나 감정을 들여다보고 나아가야 할 방향성을 잡은 것이다. 톰슨의 이야기는 인간이 기계와 다른 지점을 여실히 보여준다.

물론 인간만의 특성이라 경계 짓는 이 감성에 도전하는 인공지능의 시도는 얼마든지 있어왔다. 특히, 인간의 영역이라 굳게 믿는 예술 분야에서 구글은 인공지능이 시를 쓰는 프로젝트를 시도하기도 했다.

There is no one else in the world.

(세상에 누구 하나 없습니다.)

There is no one else in sight.

(다른 이는 눈에 보이지 않습니다.)

(…)

I started to cry.

(나는 울기 시작했습니다.)

I turned to him.

(나는 그를 돌아보았습니다.)

_구글의 인공지능이 쓴 시

봇포엣botpoet.com이라는 웹사이트에서 인간이 쓴 시와 기계가 쓴 시에 대해 블라인드 테스트를 실시한 결과, 기계가 쓴 시가 더 아름답다는 평을 받았다.

우리는 인공지능이 쓴 시를 인간이 쓴 시와 동일한 시선에서 바라봐야 할까? 삼성전자 임백준 상무가 지적한 이야기를 생각해 볼 필요가 있다.

"사람들이 윤동주와 파블로 네루다의 시를 읽고 감동받는 이유

4차 산업혁명시대, AI가 따라오지 못하는 부분인 감성이 인재의 핵심역량으로
주목받고 있다.

는 그저 그들이 선택한 단어와 문장의 조합이 훌륭해서가 아니다. 그들의 삶과 그들이 만든 시적 문장이 어떻게 연결되는지 알고 공감하기 때문이다. 인공지능이 '시 비슷한 것'을 만들어낼 수는 있어도 그것은 시뮬레이션일 뿐 실제가 아니기에 진정한 의미에서의 시로 보기는 힘들다."

∘ ∘ ∘

기계가 인간의 감성에 범접할 수 없다는 주장은 AI·로봇에 대체될 가능성이 낮은 직업군의 면면을 살펴봐도 알 수 있다.

프레이와 오스본 교수의 논문에 따르면 치과의사, 푸드 스타일리스트, 애견 관리사, 초등교사, 레크리에이션 강사와 예술가나 테라피스트의 경우 1% 미만의 확률로 로봇에게 대체될 가능성이 있다고 밝혔다.

왜 그럴까? 이들 직업은 사람과 사람이 면대면으로 마주하면서 공감 능력을 요하고, 손재주가 필요하며, 인간의 독창성과 직관, 감정지능 등을 요구하는 업무가 주를 이루는 덕분이다. 즉, 예술가나 과학자같이 창의성이 요구되는 직업이나 간호사처럼 환자와 긴밀한 관계를 구축해야 하는 직업은 자동화되기가 어렵다고 분석했다. 감성이 테크놀로지 시대에 얼마나 중요한 가능성을 안고 있는지를 말해주는 방증일 것이다.

보통 인간의 영역을 인지적 영역 40%, 행동적 영역 20%, 정의적 영역 40%로 구분한다. 인지적 영역은 지식을 파악하고 이해하는 지적인 기능과 연결되어 있다. 행동적 영역은 신체적 영역이라고도 말하며 인간의 신체 기능과 연관되어 있다. 정의적 영역은 정서나 감정 태도와 연결된 기능을 의미한다.

인지적 영역에서 AI는 이미 훨씬 전에 엄청난 속도로 인간을 뛰어넘었다. 암기력이 좋은 아이가 있다. 뭐든 보기만 하면 척척 외우는 아이는 암기 로봇과 대결을 벌였다. 하지만 과연 이 대결이 의미가 있을까? 아무 의미 없는 대결이다. 아이는 기계의 월등한 암기량에 극심한 피로를 느끼며 정서적으로 열등감을 느낄 뿐이다.

4차 산업혁명 시대에 우리의 과제는 기계적인 성취를 이루는 게 아니다. 그보다는 자신의 감정과 마음이 실린 세계를 찾아 자아실현을 극대화할 수 있는 정의적 영역을 강화해야 한다. 이를 단단히 단련해주는 것이 자생력이다.

자생력은 감성적 창의성을 발휘하는 인간만의 고유한 심리적 특성이다. 사고력·상상력·창의성을 발휘하고, 문화예술 생활을 하고, 철학을 논하거나 역사의식을 지니며, 신념과 꿈을 실현시키려는 확고한 의지를 갖는 등 이 모든 것은 감성적 창의성을 바탕에 두고 발현된다. 인지적 영역에서의 일은 앞으로 기계에 넘겨야 한다. 단순하고 반복적인 일, 많은 정보를 바탕으로 필요한 데이터를 뽑아낼 기초적인 인지 분야는 기꺼이 기계에 양보하자.

정의적 영역은 감정적인 처리, 질문으로 사고하는 힘, 새로운 도전과 관련돼 있다. 정의적 역량을 통해 우리는 타인과 감정을 나누고 소통한다. 기계로서는 상상도 할 수 없는 감정적 영역이다. 앞선 사례에서 보듯이 우리는 정의적 영역에 관심을 둬야 한다.

인간다운 감성에 창의를 입히다

|

그렇다면 감성이 풍부하면 자생력을 가질 수 있을까? 안타깝지만 감성만으로는 부족하다. 디지털을 깊이 이해하면서 감성 위에 창의성을 덧입힐 때 비로소 든든한 경쟁력을 갖출 수 있다.

진로 컨설턴트 정학경 씨가 쓴 책 『내 아이의 미래력』에는 한 가지 사례가 소개되어 있다. 캐나다 퀘벡에 사는 15세 소년 윌리엄 가두리는 문명사를 공부하던 중 마야 문명에 강한 호기심을 느끼고 공부를 시작했다.

'마야 문명은 왜 사라졌을까?', '마야 도시는 왜 강이 아니라 깊은 산 속에 건설되었을까?'

지금은 사라진 마야 문명의 흔적을 찾고 싶다는 생각에 소년은 상상의 나래를 펼쳤다. 그리고 많은 자료를 찾아본 끝에 지금까지 발견된 117개의 마야 도시가 별자리와 밀접한 관련이 있다는 점을 알아낼 수 있었다.

소년은 자신이 개인적으로 연구한 결과를 누군가와 나누고 싶어졌다. 용기를 내어 캐나다 우주국 소속의 과학자를 찾아가 자신의 이론을 설명했을 때, 그들은 윌리엄의 의견에 공감하며 적극적으로 나섰다. 과학자들은 나사의 도움을 받아 소년이 지목한 지역의 상세 위성사진과 관련 자료를 제공받았다. 결과는 충격적이었다. 분석 결과, 윌리엄이 지목한 정글 숲에서 86미터 높이의 피라미드를 비롯하여 30개 건축물의 흔적이 발견된 것이다.

"이곳은 역대 발견된 마야 도시 중 다섯 번째로 큰 도시가 될 겁니다."

무엇이 소년을 이토록 엄청난 결과로 이끌었을까? 별자리와 구글 지도만으로 고대 마야 도시를 찾아낸 윌리엄의 마음속에는 역사에 대한 호기심과 사라진 것에 대한 물음이 존재했고, 집요하게 도전했기에 가능한 일이었다. 인공지능 없이도 한 소년의 창의적 시도가 위대한 일을 행한 것이다.

인간을 계층으로 나누는 것은 달갑지 않은 일이지만, 최근 새로운 계층을 일컫는 신조어가 등장했다. 바로 '창조층'이다. 미국의 경제학자 리처드 플로리다 교수가 사회 변화를 예측하며 사용한 단어로 창의성을 바탕으로 4차 산업혁명 시대를 이끄는 계층을 의미한다. 창의성은 감성과 함께 인간 고유의 영역으로 불린다. 감성과 창의성이라는 두 가지 인간 고유의 영역을 융합한 감성적 창의성, 즉 자생력은 기계화된 세상에서 인간의 경쟁력을 더욱 높여줄 '사람다움'이다.

그럼에도 여전히 우리나라의 창의성 교육은 문제로 지적되고 있다. 나 역시 교육자로서 오랜 세월 창의성의 중요성을 강조해왔지만, 이 말은 곧 현재까지도 우리나라 교육 현장에서 창의성이 발휘되지 못하고 있음을 반증하는 의미일 테다.

어떻게 우리 아이들의 창의성을 키울 수 있을까? 어떻게 하면 기계와 함께하는 시대에서 인간의 존엄을 지키며 살아가게 할 수 있을까? 이것은 나와 연구팀의 오랜 연구 화두였다. 우리는 지금의 대한민국 교육에서 창의성 교육이 발전할 수 있는 방향을 모색했다. 그 결과물이 감성을 키워 창의성을 발휘시키는 'EQ 자생력 프로그램'이다.

우리는 이 프로그램을 타인의 감정에 공감하지 못하는 아이, 분노를 조절하지 못하는 아이, 창의적인 사고를 하지 못하는 아이 등 다양한 아이들에게 적용하며 그들의 변화를 지켜보았다. 이 프로그램은 아이의 성격 변화를 꾀하는 것을 넘어서 타인과의 관계를 변화시키고 창의성의 발현으로까지 이어졌다. 그 놀라운 결과를 궁금해하는 분들을 위해 3부에서 연구 사례를 들어 자세히 설명하고 있다.

감성은 AI가 결코 따라올 수 없는 무엇이다. 그 사실을 알고 준비한다면 스스로의 가치를 잃지 않고 미래를 향해 나아갈 수 있을 것이다.

5장

스스로 동기를
부여하는 힘

인간만이 할 수 있는 동기부여

인공지능 시대의 부와 미래를 담은 책 『인간은 필요 없다』를 쓴
스탠퍼드대학교 제리 카플란 교수. 국내 매체와의 인터뷰에서 그
에게 "먼 훗날 인공지능이 『인간은 필요 없다』와 같은 책을 집필하
게 될 것인가?"를 묻자 그는 웃으며 "할 수 없다"고 답했다. 인공지
능이 쓴 책에 도움이 될 만한 목적이 없다는 이유에서다. 로봇이
연주하는 오페라를 감상하고 싶은 사람들이 없는 것처럼 인공지능
이 쓴 책에는 '삶의 경험'과 '생각의 깊이'가 담겨 있지 않기 때문에

얻을 것이 없다는 것이다.

나는 거기에 한 가지를 더 추가하고 싶다. 인공지능은 '동기' 역시 담아내지 못한다.

'꼭 사람이 요리를 해야 할까? 복잡한 요리 과정을 기계가 돕는다면 더 쉽게 맛을 낼 수 있을 텐데….'

최초에 이런 생각을 로봇이 하지는 않았으리라. 당연히 그것을 사용하는 사람이 할 수 있는 생각이다. 사람은 어떻게 이런 사고를 할 수 있을까? 스스로 무언가를 할 수 있게 만드는 힘, 더 나은 상태로 발전시키려는 의지, 자기 자신을 북돋아 끝까지 하게 하는 힘, 바로 동기를 부여할 수 있는 능력을 갖고 있기 때문이다. 인간과 기계를 구분 짓는 또 다른 특징이다.

나는 교육심리학 교수가 되기까지 다양한 경험과 기회를 거쳐 왔다. 내가 태어날 때부터 교육 쪽 일을 하겠다고 결심한 것은 아니다. 적지 않은 경험과 탐구를 통해 교육심리학 분야를 연구할 때 가장 즐겁고 보람있다고 깨달은 덕분에 교육심리학 교수가 될 수 있었다. 누가 시켜서 한 것도, 억지로 한 것도 아니다. 스스로 동기부여를 했기에 30년간 대학 교단에서 학생들을 지도하며 단 한 번도 선택을 후회한 적이 없었다. 물론 누구나 겪을 수 있는 매너리즘이나 슬럼프는 빼고 말이다.

자발적으로 우러나오는 내적 동기는 모든 행동을 움직여 나를 완전히 바꾸는 동력이다.

동기란 스스로 무엇인가를 하고자 하는 의욕을 말한다. 무언가를 잘하려면 노력이 뒤따라야 하고 그러기 위해서는 반드시 동기가 있어야 한다. 동기는 외적 동기와 내적 동기로 나뉘는데, 외적 동기는 외부에서 강제로 주어지는 동기다. 시험, 상벌 제도, 상여금 등이 이에 해당한다. 반면 내적 동기는 만족, 보람, 즐거움, 눈높이 등 주로 내면에서 일어나는 동기를 가리킨다.

외적 동기가 수동적 노력을 유도한다면 내적 동기는 능동적 노력을 기울이게 한다. 성공하는 사람들의 공통점은 내적 동기가 발동해 능동적인 노력을 한다는 것이다. 따라서 무언가를 잘하려면 내적 동기에 주목해야 한다.

그렇다면 동기부여란 무엇일까? 인간의 행동에 동기를 주입하는 것을 말하는데, 공부에 의욕이 없는 아이에게 성적 향상에 따른 보상은 일종의 동기부여가 된다. 동기가 발동하면 누가 뭐라 하지 않아도 그 분야에 집중해 파고들게 된다. 스스로 계획을 세우고 실천하면서 깊이 몰두하고, 행동이 자기주도적으로 바뀌고 유능성을 발휘하게 된다. 나아가 사람들과 자발적으로 관계를 맺으면서 정서적 연결고리를 형성해나간다. 다시 말해 동기부여는 인간의 기본적인 욕구인 자율성과 관계성, 나아가 주도성을 모두 극대화시키는 촉매제라 할 수 있다.

이런 이유로 동기 부여는 인간에게 중요한 영역이며 사람이 가장 사람다움을 발현할 수 있는 길이다.

자생력, 최초성을 추구하다

|

'서빙을 도와주는 로봇이 있으면 훨씬 효율적이지 않을까?'

우연히 식당을 인수하게 된 남자는 서빙을 효율적으로 운영하면 효과적인 경영을 할 수 있겠다는 생각을 떠올렸다. 그리고 자신이 다니던 구글에서 접한 인공지능 로봇기술을 활용해 서빙 로봇을 개발했다. 서빙 로봇이 식당 안을 누비게 되면서 그는 일약 서빙 로봇의 개척자가 되었다. 식당은 확연히 달라졌다. 서빙 로봇이 홀을 주행하며 음식을 나르고 영수증을 가져다주면서 직원들은 일손을 덜고, 손님들은 향상된 서비스에 만족할 수 있었다.

서빙 로봇의 이야기에서 AI의 발전과 상용화를 생각하기 전에 먼저 떠올릴 것이 있다. 바로 '최초성'이다. 남자가 서빙 로봇을 최초로 떠올리지 않았다면 홀을 누비는 서빙 로봇의 모습은 나오지 못했을 것이다.

최초성은 AI가 결코 뛰어넘을 수 없는 벽이다. 로봇은 존재의 이유를 스스로 증명하지 못하고 개척자인 사람에 의해 만들어지고 발전할 뿐이다. 최초성이 발휘될 때 비로소 기계의 존재 가치가 생긴다.

식당 로봇을 비롯해, 우리 일상에서 최초성을 기반으로 한 새로운 물건들은 벌써 시험 단계를 거쳐 상용화를 기다리고 있다. 대표적으로 배달 로봇이다. 포드는 두 다리로 움직여 물건을 배달하는 로봇을 공개했다. 로봇은 자율주행차 트렁크에서 짐을 내린 뒤에 상자를 직접 들고 고객의 집 앞으로 걸어간다. 기존에는 고객의 집 앞을 찾아가는 서비스까지는 무리였지만, 기술이 진보하면서 무인화 배달이 가능해진 것이다. 배달이 완료된 후에는 차에 돌아가 소모된 배터리를 충전하는 일까지 완벽히 소화해냈다. 또한 보스턴 다이나믹스는 반려견 로봇 등 다양한 휴머노이드 로봇을 만들고 있다.

우리는 언제나 기술의 뛰어난 발전 속도에 놀라지만, 기술이 아무리 인간보다 뛰어나더라도 그것의 존재 여부는 결국 인간이 지닌 최초성에 달려 있다.

나와 연구팀은 동기와 그로 인한 최초성을 발현시키는 방법을 꾸준히 연구해왔다. 우리는 누누이 "동기부여를 해야 한다"라고 말하지만, 동기를 일으키는 것에도, 구체화하는 것에도, 장시간 유지하는 것에도 미숙하다. 이 역시 교육과 훈련이 필요하다는 점을 깨닫고 '동기 자생력 프로그램'을 개발할 수 있었다.

동기 없이 산다는 것은 뿌리 없이 사는 삶과 같다. 이 책의 3부에서는 동기를 잃고 공부하는 기계가 되어버린 아이들에게 동기 자생력 프로그램을 소개하고 있다. 이 프로그램으로 외적 동기에서 벗어나 내적 동기로 공부하고, '나는 능력이 부족해서 안 돼'가 아니라 '조금만 더 노력하면 할 수 있을 것 같아'로 생각과 행동이 바뀔 수 있었다.

6장

습득이 아닌
융합하는 힘

또 다른 창조, 융합

세상은 더 이상 정답을 요구하지 않는다. 다만 문제해결의 다양한 길을 요구할 뿐이다. 모두가 정보를 공유할 수 있는 세상에서 길을 찾는 방법은 방대한 정보와 기술력과 지식을 어떻게 조합하고 만들어내느냐에 달려 있다. 이때 통찰력 있는 융합이 정보를 편집하여 디자인하는 능력을 증폭시킬 수 있다.

통찰력 있는 융합은 생각지도 못한 일을 해내기도 한다. 인류가 사랑하는 예술가 반 고흐. 애정이 과한 탓인지 그의 그림은 교묘한 위작들이 판을 치고 있다. 이때 한 미술관에서 고흐의 진품을 가려내는 도전 과정을 다큐멘터리로 만들었다. 여섯 팀이 참여했는데 우승자는 프린스턴대학교 수학자 도브시 교수가 이끄는 팀이었다.

도브시 교수의 팀 구성은 무척 재미있었는데, 수학자인 도브시, 미술품 위작 감정사, 과학 수사관이 한 팀을 이루었다. 별 연관 없어 보이는 세 직업이었지만, 놀랍게도 그들은 뛰어난 팀워크를 보여주었다.

도브시 교수는 어떤 방법으로 미술품의 위작을 가려낼 수 있을지 생각했다. 예술의 세계가 수학과 관계 없다고 여겼다면 이 일은 시작조차 못했을 것이다. 그는 수학적 체계와 예술의 융합을 고민했다. 이 둘의 관계는 어떤 체계와 자유로움이 혼재되어 있는 것처럼 보이지만 그 속에 연결고리가 있을 것이라 생각했다.

얼마 후 아이디어가 떠올랐다. 미술품 감정사가 제시한 위작 여부를 가리는 기준을 수학적 알고리즘에 융합하고, 과학적 수사 기법을 거듭 융합하는 방식이었다. 도브시 교수는 그림을 수학적 알고리즘으로 분류하기 시작했다. 여기서 과학 수사관은 위작이 지니고 있는 여러 특징을 나열하며 알고리즘을 분석했다.

"예술 작품을 위작할 경우 그들은 똑같은 그림을 그리기 위해 더 많은 신경을 씁니다. 그러다 보니 원작자가 영감을 받아 일필휘지로 그림을 그리는 것과는 반대로, 위작자는 좀 더 시간이 걸리고 표현에 있어 주저하는 모습을 보입니다."

여기서 그들이 발견한 한 가지 포인트는 '주저함'이었다. 도브시 교수는 주저함을 숫자로 정량화하는 데 성공했다. 기존의 이론을 이용해서 그림을 윤곽과 세부사항으로 나눴다. 원작자는 윤곽과 세부사항을 나누는 과정이 짧은 반면, 위작자는 그 과정이 '주저함'으로 인해 길어질 것이었다. 그것을 잡아내면 되었다.

결과는 멋지게 들어맞았다. 도브시 연구팀이 주저함을 숫자로 정량화하는 알고리즘을 만들어 위작을 완벽히 가려낸 것이다. 중요한 것은 이 프로세스를 다른 경우에도 활용할 수 있을뿐더러 그 확률이 99%에 달했다는 것이다.

도브시 연구팀의 멋진 하모니는 직업의 융합, 생각의 융합을 통해 문제를 창조해낼 수 있다는 사실을 알려준다. 점점 더 교묘해지는 예술품 위작 생산에 대적하여 통찰력 있는 융합이 이룬 반전 드라마다.

○ ○ ○

창조라 하면 어렵게 생각하지만 사실 창조란 하늘에서 뚝 떨어지는 천재적 능력이 아니다. 일상의 다양한 존재와 활동을 새롭게 배열하고 통합하고 연결하는 과정이 창조다. 이는 끊임없이 시도하고 연구하는 자세에서 비롯된다. 겉보기에는 전혀 관계 없는 것들 속에서 관련성을 찾아 연결하고 새롭게 의미를 부여하다. 일차원적인 생각을 뛰어넘는 비약이다.

그럼에도 우리 교육은 여전히 지식 습득에 목을 매고 있다. 비단 우리나라뿐 아니라 인류는 지난 수십 년간 지식을 습득하는 방법에 매진했고 지식 정보를 최고의 덕목으로 여겨왔다. 사실 다른 가치를 배울 여유도 없었다. 특히 우리나라처럼 '사교육 → 명문대 → 좋은 직장 = 성공한 삶'으로 이어지는 일련의 공식이 존재하는 시스템 안에서는 더욱 그러했다. 하지만 AI 시대에는 '어떤 지식을 최대한 많이 암기하여 평가로 도출할 것인가?'는 부차적 문제다. 지식이나 단순한 정보처리는 더 이상 인간의 경쟁력이 아니기 때문이다.

장기에는 '왕이 도망갈 데가 없으면 패한다'는 규칙이 있다. 장기 로봇에게 이런 조건을 프로그래밍하고 장기를 두게 하면 AI의 독무대가 된다고 한다. 왕을 포위하기 위한 몇십만 개의 상황을 나열한 뒤 즉석에서 판단을 내리기 때문이다.

이처럼 기계는 습득의 대가다. 어떤 조건과 목표 방향을 제시하면 그에 맞춰 모든 경우의 수를 파악하여 학습한다. 딥러닝 기술로 컴퓨터는 자가학습, 나아가 응용학습까지 가능해졌기 때문에 공부의 양으로 기계와 승부를 가리는 일은 무의미하다.

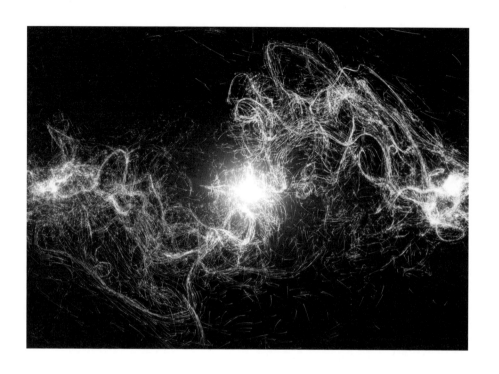

4차 산업혁명 시대, 경계가 허물어지면 하나로 합해지는 융합은 창조의 필수 과
정이다.

자생력은 습득이 아닌 '연구'에 집중한다. 앞으로의 사회에서는 정보를 편집하고 활용하여 연구하는 능력이 필요하다. 몰입하고 연구하는 과정을 통해 세상을 납득시킬 만한 일들을 창조해낼 수 있기 때문이다. 이는 곧 지식의 융합을 뜻한다.

습득하는 기계, 연구하는 사람

|

도자기 장인을 꿈꾸는 두 사람이 있었다. 같은 꿈을 향해 달려 가고 있지만 두 사람이 추구하는 바는 상당히 달랐다.

한 사람은 도자기 명장으로 알려진 스승을 찾아다니며 기술을 사사받는 고전적 방식을 추구했다. 기계 문명과 단절된 채 흙을 빚고 물레를 돌리며 가마에 도자기를 굽기까지 거의 20년의 세월을 보냈다. 다행히 재능이 있었기에 스승의 수제자가 된 그는 비로소 독립해 자신만의 작품을 세상에 내놓을 수 있었다.

또 한 사람은 다른 길을 택했다. 다양한 배움의 과정을 거쳐 방법을 배우고 실전 경험을 하며 일찌감치 자기만의 작품 세계를 열어갔다. 그 과정에서 도자기 한 점을 빚고 구워 세상에 내놓기까지가 너무 복잡하고 비효율적이라고 생각했다. 한국의 미가 담긴 작품을 가능한 한 신속한 과정으로 전 세계에 알리는 것이 가치 있는 일이라 생각한 그는 흙을 반죽하고 기본적인 틀을 빚는 공정에 로봇 기술을 활용했다. 성형과 정형 과정까지 로봇이 잡아주면 사람이 창의성을 발휘해 예술미를 더하는 작업을 거쳐 건조한 뒤 초벌과 재벌 과정도 자동화 기술을 접목시키는 방식이었다. 21세기 과학 기술과 도자기 장인 기술이 어우러져 작품을 탄생시킨 것이다.

두 사람이 만든 작품의 질을 논하기는 힘들지만, 분명한 것은 기술을 적절히 활용하면 사람은 창의성과 아이디어를 더 많이 끌어올릴 수 있다는 점이다. 다양하고 많은 작품들을 만듦으로써 효율성을 높이고 경제성을 높일 수 있을 것이다. 작품을 홍보하는 데에도 로봇의 기술을 빌리고 창의성을 더해 효과적인 방법을 생각해 낼 수 있다. 심지어 장인의 기술마저 3D 프린팅으로 구현할 수 있을 것이다.

우리가 살고 있는 그리고 살아갈 사회는 인간과 기계가 공존하는 세계다. 그 세계에서 우리는 기계와 역할을 배분해야 한다. 후자의 도자기 장인이 시도했듯, 습득하는 일은 기계에 맡기고 사람은 연구해야 한다. 기술의 은혜를 연료로 삼아 기계가 할 수 없는 일을 인간이 하는 것, 즉 감성적 창의성을 발휘하는 일에 몰두해야 한다.

○ ○ ○

지금의 사회는 끊임없는 기술의 융합으로 새로워지고 있다. 미국의 로봇 교과서에도 등장하는 KAIST의 휴보 로봇(인공지능형 로봇)은 인공지능뿐 아니라 재료공학, 기계공학, 화학, 인지과학, 디자인학 등의 다양한 학문 분야가 융합되어 나타난 창의적 결과물이다.

융합에 대한 교육계의 움직임 역시 활발하다. 미국의 대표적 영재교육기관인 마그넷 스쿨Magnet School은 창의적인 학생 육성을 목표로 '모든 영역의 교육과정에서의 통합'을 강화하고 있다. 또한 미국 산타페연구소에서는 경계를 넘는 통합학문 연구는 과학기술 분야(물리학, 생물학, 컴퓨터학 등)와 인문사회과학 영역(환경, 정치, 경제 등)을 아울러야 새로운 문명의 가능성을 탐색할 수 있다고 주장하며 실천 중이다. 우리나라에서도 융합형 과학 교과서가 등장하면서 교육계의 변화가 일고 있어 기대를 해볼 부분이다.

그렇다면 어떻게 융합 능력을 높일 수 있을까? 융합은 관계지능 SQ와 밀접한 연관이 있다. 사실 SQ는 융합뿐 아니라 협업과 리더십 등 관계에 관한 다양한 기능이 녹아 있는 단어다. 우리 연구팀에서는 SQ의 가능성을 탐구하고 이를 'SQ 자생력 프로그램'으로 발전시킬 수 있었다. 혼자서는 결코 해결할 수 없는 문제를 다 함께 고민하고 해결해나가는 과정에서 관계지능은 높아질 것이고, 그 결과물은 융합이라는 이름으로 새로운 창조물을 탄생시킬 것이다. 이에 대한 자세한 내용은 3부 'SQ 자생력 프로그램'에서 살펴보자.

미래학자이자 한양대학교 창의융합교육원을 맡고 있는 남영 교수는 다윈의 『종의 기원』을 읽은 많은 사람들이 문학과 과학을 함께 즐기는 평범한 교양인이었다고 말하며, 융합 교육의 필요성에 대해 이렇게 설명했다.

"4차 산업혁명 시대의 미래는 명료하게 들여다볼 수 없습니다. 스마트폰만 해도 몇 년 전에는 생각조차 하지 못한 물건이었죠. 오늘 유망한 분야도 내일 사양 직종이 될 수 있습니다. 이제는 문과냐 이과냐 혹은 전공이 무엇이냐는 중요한 문제가 아닙니다. 어떤 능력을 갖춘 인재인지가 중요합니다. 자생적 융합을 낯설게 느낄 수 있지만, 사실 역사적으로 문·이과나 전공을 엄격하게 구별한 적이 없었어요. 학문을 분야별로 구분하는 것은 시대를 스치는 유행일 뿐입니다."

융합은 또 다른 창조다. 얼마나 알고 있느냐보다 어떻게 융합하여 새롭게 만들 수 있느냐가 관건이다. 4차 산업혁명 시대의 핵심 특징 중 하나인 초연결 시대에 융합은 우리가 자생할 수 있는 원동력이 되어줄 것이다.

7장

정답이 아닌
'수정'하는 능력

정답은 없다

지금껏 우리는 너무 많은 정답을 강요당하며 살아왔다. 교육계에
오랫동안 몸담고 있던 나 역시 이 문제에 자유로울 수 없음을 인정
한다. 교육이란 사고의 폭과 깊이를 넓혀주는 일이어야 하는데 입
시공화국이라는 특수한 상황 아래 정답만을 추구해왔으며, 사고할
기회를 주기보다는 답을 도출하는 일에 급급했다. 하지만 앞으로
는 정답 없는 세상이 가속화될 것이고, 우리는 더 이상 정답이 아
니라 방법을 찾아내려는 태도로 무장해야 한다.

요즘 젊은이들이 가장 선호하는 직장 구글의 입사 시험 문제를

풀어보자.

'스쿨버스가 당신 앞에 서 있습니다. 이 버스에 골프공을 가득 채운다면 몇 개나 들어갈까요?'

문제를 보자마자 머릿속이 복잡해진다. 뭔가 창의적인 사고를 요구하는 것일 테니 거창하게 대답을 해야 한다거나 그들이 원하는 정답을 말해야 한다는 압박감이 들 것이다.

짐작했다시피 이 질문에 정답은 없다. 만약 자유로운 기업문화와 창의성의 상징으로 대표되는 구글이라는 전제를 빼고 문제 자체만 보면 어떨까? 머릿속에는 원의 부피를 알아내는 각종 공식부터 복잡한 계산식과 다양한 숫자들이 떠오를 것이다. 골프공의 지름이 얼마쯤 될지 짐작하면서 열심히 숫자를 대입하며 마치 수학 문제를 풀듯 계산할 것이다.

그런데 정작 문제를 출제한 구글은 정답을 원하는 게 아니라 지원자의 답변을 들으며 그들이 어떤 창의적인 생각을 하는지를 엿보고 싶었던 것은 아닐까? 가령 '스쿨버스에 아이들이 타고 있기 때문에 공을 하나도 넣을 수 없다', '호기심 많은 아이들이 공을 보는 족족 창밖으로 던지기 때문에 공을 무한하게 넣을 수 있다' 등등 구글은 아마도 이런 답을 원했을 것이다. 앞으로는 정답이 중요하지 않은 시대가 된다. 1 더하기 1은 2가 되는 덧셈은 사람이 하지 않아도 되는 시대로 이미 바뀌었다.

정답주의에 특히 심하게 빠져 있던 분야가 교육계다. 기본적인 학습을 교육이 책임지다 보니 알아야 할 것들, 사회적 약속들을 교육이라는 명목 아래 가르쳐야 했고, 배움의 정도를 확인해야 했기에 정답을 골라내는 과정이 필요했다.

지금의 세대와 앞으로의 세대는 인터넷 세상 속에서 인생의 절반 이상을 보낼 것이다. 스마트폰을 자신의 뇌의 일부로 적극적으로 활용하게 될 세대다. 학습에서는 일괄형 오프라인 수업이 사라지고 온라인 학습으로 대체될 것이고, 개인별 학습이 보편화되면서 주체적인 학습이 이루어질 것이다. 기본적으로 알아야 할 학습 능력을 습득하되, 정답이 아닌 설득력 있는 해결력을 요구받을 것이며, 그것이 창의성으로 이어질 것이다. 이 모든 상황을 고려했을 때 더 이상 정답에 연연할 필요가 없다.

4차 산업혁명 시대에 정답이 아닌 무한한 가능성을 품은 문제해결력을 만나기 위해서는 엉뚱한 대답을 듣더라도 이를 수용하여 이끌어갈 수 있어야 한다. 참신하고 독창적인 아이디어나 사고는 실패를 두려워하지 않는 마음에서 나온다. 그럼에도 정해진 답을 계속 원한다면 의견을 제시하는 것을 두려워하고 더 이상 창의성을 발휘하지 못하게 될 것이다. 창의적 사고가 발현되기 위해서는 심리적으로 편안한 분위기가 먼저 만들어져야 한다.

'안 되는 이유는 버리고 되게 하는 방법을 찾아라'고 말하는 구글은 설익은 아이디어라도 거리낌 없이 말할 수 있는 조직 문화를 조성하고 있다.

정답주의에서 수정주의로

|

정답주의란 정답 이외의 것을 배척하는 행동양식을 말한다. A=B 라는 정답을 주장하는 이들은 A=C라고 주장하는 이들을 배척한다. 하지만 수정주의는 A=B 또는 A=C라는 전제를 수용하기 때문에 A=D도 가능할 수 있다는 열린 사고를 할 수 있다.

중국 일류 공과대학 칭화대학교의 천지닝 총장은 교육에 대한 새로운 방안을 얻기 위해 2013년 덴마크 장난감 회사 레고 그룹을 방문했다. 칭화대학교는 소위 중국에서 수재로 손꼽히는 학생들의 집단이다. 재학생들은 초등학교부터 고등학교까지 우수한 성적을 얻었고, 대학에서도 A학점만을 받아왔다. 하지만 천 총장은 이런 학생들을 'A형 학생'이라 부르며 이들이 미래 인재가 되기 위해서는 이와는 다른 무언가가 필요하다고 느꼈다. 공부는 잘하지만 4차 산업혁명 시대에 필요한 창의성과 혁신성이 없었던 것이다. 그는 새로운 유형의 학생이 필요하다고 판단했고, 이를 'X형 학생'이라 칭했다. 그리고 앞으로는 출제자의 의도에 따라 높은 점수를 따내는 소위 A형 인재보다는, 새로운 것을 찾고 다른 답안을 궁리하는 X형 인재가 필요하다고 말했다. 그들은 단순히 교과서에 제시된 과제를 풀기보다는 자기 자신이 직접 문제를 정의하는 데 더 열중하는 사람들이다.

나는 자생력이 A형 인재와 같은 정답주의에서 X형 인재와 같은 수정주의 방향으로 이끌어주는 힘이라고 생각한다. 보통 문제를 새로운 시각으로 접근하는 데 필요한 것이 창의성이라고 생각하는데, 이 창의성은 깊이 있는 사고력을 기반으로 이뤄진다. 그 사고력을 지배하는 인간의 지능이 IQ다. 여기서 IQ는 단순히 똑똑하다는 차원을 넘어 비판적 사고력을 얼마나 함양하고 있는가를 뜻한다. 비판적 사고가 창의적 생각을 이끌어내 다른 각도의 문제해결력을 제안하는 것이다.

우리 연구팀에서는 이런 점을 착안하여 'IQ 자생력 프로그램'을 개발해 사고력을 높이는 방안을 연구했다. 이와 관련해서 3부에서 연구 사례와 함께 자세히 알아보겠다.

톨스토이의 유명한 작품 『사람에게는 얼마만큼의 땅이 필요한가?』를 읽고 느낀 바를 에세이로 제출하라는 수행과제를 내주었다고 하자. 이 책의 주인공은 파홈이라는 성실한 농부다. 다른 곳에 한눈팔지 않고 농사만 짓던 파홈에게는 한 가지 소원, '땅을 더 많이 갖고 싶다'는 꿈이 있었다. 어느 날 파홈은 유목민 바시키르 사람들이 싼값에 땅을 준다는 이야기를 듣고 그들을 찾아간다.

"아침에 출발해서 저녁에 돌아오시오. 당신이 돌아다닌 만큼의 땅을 주겠소."

이게 웬 횡재인가 싶어 파홈은 당장 그러겠다 약속한 뒤 다음 날 이른 아침부터 넓은 땅을 차지하겠다는 마음으로 숨이 턱에 차도록 뛰었다. 그런데 너무 멀리 간 나머지 해가 뉘엿뉘엿 지기 시작했고 그제야 '아차!' 싶었다. 다시 돌아가야 한다는 생각에 쉬지 않고 뛰어 겨우 출발점으로 돌아왔을 때는 이미 모든 힘을 다 써버렸기에 그 자리에서 쓰러진 뒤 그는 다시 일어나지 못했다. 결국 파홈에게 필요한 땅은 무덤에 쓸 2미터 정도에 불과했다.

보통은 이 작품이 주는 교훈이 무엇인가를 생각하면서 욕심이 불러온 참담한 결과를 언급하며 끝을 맺는다. 여러분이라면 뭐라고 답할 것인가? 정답주의가 강했던 시대에는 무난한 에세이지만 이제는 나만의 답을 고민해봐야 할 때다.

자생력은 정답주의에서 수정주의로 방향을 틀어주는 힘이다. 현상에 대한 통찰력 있는 사고와 창의적 생각을 이끌어내 다른 각도의 문제해결력을 제안한다.

교육은 사회의 변화에 빠르게 반응하는 척도가 되어야 한다. 이제는 이것만이 정답이라고 주장하는 의견을 수정하면서 해결책의 다양함을 선호하는 자생력이 필요하다.

사고하는 힘, 코딩

|

1932년에 창립한 레고는 오랫동안 아이들의 장난감으로 사랑받아온 기업이다. 영원할 것만 같았던 레고도 시대의 흐름에 뒤떨어지면서 큰 위기에 빠진 적이 있다. 하지만 위기의식에 둔감했던 기존 경영진이 바뀌고 새로운 CEO가 영입되면서 회사는 완전히 뒤바뀌었다. 레고는 블록을 조합하는 것에서 탈피해 레고를 통해 새롭고 가치있는 것을 만들어낼 수 있다는 기대를 심어주기 시작했다. 무엇이든 만들어낼 수 있다는 가능성을 전달하고 입체적 레고를 개발하여 레고 블록의 또 다른 세계를 선물했다. 그러자 레고에 열광하는 이들이 돌아왔고 지금도 기업은 건재하다.

새로운 일을 창출한다는 것은 코딩 교육의 취지와도 맞닿아 있다. 코딩 교육이란 프로그래밍의 다른 말로, 컴퓨터 언어를 활용하여 프로그램을 짜는 것을 말한다. 왜 프로그래밍이 4차 산업혁명의 주요 기술로 떠올랐을까? 그리고 어린아이들에게 굳이 코딩을 가르치는 이유가 무엇일까?

코딩 교육에 앞장서고 있는 핀란드의 예를 들어보자. 핀란드의 엔지니어 유하 파나넨은 어느 날 자신의 네 살배기 딸에게 코딩을 가르치기 시작했다. 딸을 엔지니어로 키우겠다는 야망에서가 아니라 아빠의 일이 얼마나 재미있는지 딸에게 알려주기 위해서였다.

코딩은 컴퓨터 언어로 문제를 구조화하고 해결할 수 있는 능력을 길러 줄 수 있
으며 이는 창의성과 연결된다.

그런 파나넨의 생각에 동의한 회사 동료들이 함께하자고 제안했고, 수업 장면을 블로그에 올리자 전국의 부모들로부터 뜨거운 호응을 얻게 된다. 코디콜루(코딩학교)의 시작인 것이다.

왜 동료들은 파나넨의 교육에 동참했을까? 왜 수업 영상을 본 학부모들은 자신의 아이에게도 코딩을 알려달라고 요청했을까?

이는 코딩 교육이 지닌 '컴퓨팅 사고력' 때문이다. 컴퓨팅 사고력이란 '문제 분해하기, 패턴과 규칙 파악하기, 추상화하기, 알고리즘 만들기'를 통해 문제를 해결하는 능력을 말한다.

이런 사고력의 배양을 통해 아이는 통합적으로 사고를 함으로써 정답이 아닌 자신만의 답을 도출하고, 하나의 해결책만을 고집하는 게 아니라 다양한 해답을 도출할 수 있는 것이다. 창의적으로 답을 찾아가는 활동이다. 이런 이유로 대한민국의 부모뿐 아니라 핀란드의 부모까지 코딩 교육에 집중하는 것이다.

이렇듯 자생력은 정해진 규칙이나 정답에서 탈피해 사고력을 기르게 하는 힘이다. 정답주의가 아닌 수정주의를 지향하여 언제든 바뀔 수 있고 변화 가능성을 안고 있기에 그 속에서 새로운 가치를 '창출'해낼 수 있다. 레고 블록을 갖고 요리조리 구조를 바꾸면서 생각지 못한 건물을 만들기도 하고 새로운 구조를 창출해내기도 한다. 이렇게 창출된 능력은 그 사람의 희소 가치가 되고 희소성은 나만의 경쟁력이 될 것이다.

8장

예측불가를 대처하는 유연성

예측불가한 상황 앞에서

지금 당신은 자율주행 자동차를 타고 목적지로 가고 있다. 요즘 들어 일이 많아진 탓에 당신은 피로가 많이 쌓여 있고 한 시간 뒤에 중요한 미팅이 잡혀 있어 신경도 예민하다. 이런 상황에서 자율주행은 잠시 쉬면서 목적지까지 갈 수 있게 해준다. 이보다 멋진 일이 있을까?

하지만 고속도로를 달리는 중에 갑자기 돌멩이가 휙 날아들었다. 앞서가는 공사 차량에서 날아왔을 수도 있고, 산비탈에서 튕겨져 날아온 돌일 수도 있다. 운전 중에 자주 발생하는 일이지만, 당신의 차는 '예기치 못한' 상황 앞에서 갑자기 동작을 멈춰버리거나 오작동을 일으킬 수 있다. 쌩쌩 달리는 고속도로 위에서라면 위험천만한 상황이다. 문제가 발생할 여지는 존재하나 아마 당신이 직접 운전대를 잡고 있었다면 좀 더 유연히 대처하며 목적지까지 무탈하게 도착할 수 있지 않을까?

또 하나의 예를 들어보자. AI 헬스케어는 4차 산업혁명 시대를 맞아 가장 각광받는 분야다. 건강에 대한 관심이 날로 높아지는 가운데 AI 시스템은 의사와 비교할 때 훨씬 많은 사례를 데이터로 축적하고 있어서 질병의 원인을 인간보다 정확히 파악할 수 있다. 그럼에도 질병의 최종 진단은 의사가 내리고 있는 이유는 무엇일까? 예측 불가능한 상황에 경험과 수술 감각으로 무장한 의사가 유연하게 대응할 수 있기 때문이다.

물론 나 역시 로봇수술을 받았지만, 그보다 심도한 수술이라면 의사가 집도하는 것이 당연한 일이다. 더군다나 의사의 영역은 단순히 수술만이 아니다. 환자의 마음을 헤아리고 병을 이기도록 용기를 심어주고 위로하는 일은 로봇 의사가 해줄 수 없는 인간 의사만이 할 수 있는 일이다.

자율주행 자동차나 AI 헬스케어의 사례에서도 보았지만, 인간과 기계의 두드러진 차이는 예측 불가능한 상황에서의 대처 능력이라 할 수 있다. 그렇다면 AI 로봇이 예측 불가능한 상황까지 통제하도록 프로그래밍하면 될 일이 아닌가?

하지만 '예측 불허'라는 말처럼 세상은 예상을 벗어나는 일투성이다. 사람은 합리적 존재인 동시에 비이성적 존재이기에 모든 일이 논리적으로 돌아가지도 않으며 그 변수가 너무 많아 분류조차 할 수 없다. 아무리 AI 기술이 정교해지고 고도화된다 해도 이 모든 상황을 통제할 수는 없다.

인간은 환경의 동물이다. 특수한 환경, 즉 문제에 직면했을 때 이를 어떻게 풀어갈 것인가를 고민하고 상황을 판단해 창의성을 키워왔고 이는 잠재적 가능성으로 내재화되었다. 그 잠재력을 발현해 예측 불가능한 상황에 대처하고 그것을 오히려 기회로 만들어왔다. 이는 '인간이 예측 불가능한 존재'라는 말이기도 하다.

예측 불허라는 말을 오해하지 말았으면 한다. 바꿔 말하면, 어떤 상황에서든 자유롭게 생각하고 판단을 내릴 수 있는 '자유의지'를 지닌 존재라는 말이다. 그리고 자유의지가 인간으로 하여금 예측 불가능한 상황에 대처하게 만드는 유연성의 원동력이다.

○ ○ ○

옥스퍼드대학교의 명예교수인 데니스 노블 교수가 한국을 방문했다. 올해로 83세의 노블 교수는 시스템 생물학 분야의 세계적 석학이다. 그는 컴퓨터란 말조차 생소하던 1960년에 세계 최초로 가

미래의 지배적인 교통수단으로 지목되고 있는 자율주행자동차는 돌발상황에
인간보다 유연하게 대처할 수 있을까?

상심장을 구현할 만큼 선구적인 과학자로, 인공장기 개발 등 AI를 접목한 생명공학 분야의 대가로 손꼽힌다.

그는 4차 산업혁명 시대의 기술 관련 인터뷰에서 AI 로봇이 인간을 대신하는 날이 오겠느냐는 질문에 "인간이 지닌 예측 불허의 자유의지가 기계의 한계를 앞설 것"이라고 답했다.

노블 교수는 오늘날의 AI는 최적화 도구optimization tool일 뿐이라고 말한다. AI가 앞으로 수조 단위의 정보를 섭렵한다 해도 여전히 인간이 설계한 알고리즘에 따라 움직이기 때문에 한계가 자명하다는 설명이다. 그리고 인간이든 원숭이든 살아 있는 생명체는 모두 예측 불가능하고 불완전하기 때문에 정해진 알고리즘만으로는 파악하기 어렵다고 그는 지적한다.

노블 교수는 인간이 AI에 앞서는 부분이 있다면 그것은 '유연성 flexibility'이라고 답했다. 만일 자신이 누군가에게 "당신의 뇌를 충분히 연구하면 앞으로 한 시간 뒤에 당신이 무슨 일을 할지 맞힐 수 있어요"라고 말하는 순간, 상대방은 마음을 바꿔 '난 그렇게 안 할 건데'라고 생각해버릴 만큼 인간은 유연하게 생각에 변화를 줄 수 있는 존재라는 것이다.

노블 교수의 통찰대로 인간은 모두 '자유의지'를 가진 예측 불가능한 존재다. 지식과 논리, 판단력만 가지고 사랑하는 사람의 마음을 얻을 수 없는 것처럼, 기계의 알고리즘만으로 세상에 벌어지는 모든 일에 대처할 수는 없다. 인간의 유연한 상황 대처 능력이 중요한 것도 그 때문이지 않을까?

자생력으로 유연성을 키우다

|

그렇다면 한 번쯤 고민하게 될 것이다. '과연 내게도 예측 불가능한 상황에 대응하는 유연한 대처 능력이 있을까?'

사람의 잠재적 특성과 관련한 논의는 지능에 대한 논의에서부터 시작해야 한다. 하버드대학교 심리학 교수이자 지능지수에 대한 학문적 기여를 한 하워드 가드너 교수는 인간의 능력은 평균 20가지 이상이라고 말하는데 이를 가리켜 '다중지능'이라 한다. 가드너의 다중지능 이론은 사람이 다양한 능력을 잠재적으로 갖고 있다는 생각을 심어주는 계기가 되었다. 이후 그는 인간의 특성을 9가지(언어지능, 논리수학지능, 시공간지능, 음악지능, 신체운동지능, 개인내적지능, 대인관계지능, 자연탐구지능, 실존적지능)로 나누면서 적성과 관련된 메시지를 던졌다.

언어지능은 언어를 효과적으로 사용할 수 있는 지능으로, 문장 구성이나 다양한 표현에 능하다. 논리수학지능은 단지 숫자를 잘 사용하는 것이 아닌 과학적 사고방식을 발휘하는 지능이다. 시공간지능은 정확한 공간 인지로 건축이나 미술작품 등을 보는 시각적 능력이 뛰어나고 공간 배치에 남다른 재능을 보인다. 음악지능은 음에 민감하고 음악뿐 아니라 소리의 의미를 이해하는 능력이다. 신체운동지능은 운동과 관련하여 반응하는 지능이다. 운동을 잘하는 이들은 이 지수가 상당히 높은데, 어떻게 몸을 움직여야 하는지 대처 능력이 뛰어나다. 개인내적지능은 자신에 대한 인지를 잘하고 성찰을 통해 적절한 행동을 하는 능력이다. 사색가적 기질이 강하고 심리나 교육 관련 인물에게서 높이 나타나는 걸 볼 수 있다. 대인관계지능은 다른 사람들의 의도나 기분, 감정을 잘 파악하고 구분하는 능력이다. 당연히 사람과의 관계에서 발생하는 상황에 효율적으로 대처할 수 있기에 흔히 사회성이 좋다고 할 경우 이 지능이 높다. 자연탐구지능은 주변 자연환경에 대한 친밀감이나 관심, 이해 정도가 뛰어난 능력을 말한다. 유난히 자연환경을 좋아하고 관심을 보이는 경우 이 지능지수가 높다.

가드너는 누구에게나 9가지 다중지능이 잠재되어 있다고 말한다. 다만 어떤 지능지수가 유난히 높을 때 다른 것이 가려지거나 개발되지 않아 쏠림 현상이 나타나는 것이다. 운동지능이 유난히 발달한 사람에게도 공간지능이나 개인내적지능이 충분히 내재해 있지만 잘 나타나지 않을 뿐이다.

자생력은 인간의 능력을 조화롭고 균형 있게 발전시키는 전인교육을 토대로 향상된다. 자생력이 뿌리를 내리면 다양한 잠재 능력이 골고루 발현되도록 도와 유연성도 함께 높아진다. 따라서 앞서 소개한 동기주도·인지주도·동기심화·몰입·IQ·EQ·SQ 자생력 프로그램의 전반적인 활용이 필요하다. 잠재 능력이 골고루 자극된 아이는 설령 축구선수를 꿈꾸더라도 동시에 건축가를 희망할 수 있고 취미로 작곡을 할 수 있다. 이는 4차 산업혁명 시대에 여러 직종으로 이동할 수 있는 전인적 역량과도 연결되어 있다. 이것이 우리가 유연성을 키워야 할 직접적인 이유다.

앞서 이야기한 르네상스 시대의 천재 레오나르도 다빈치를 생각하면 유연성의 가치를 쉽게 이해할 수 있다. 사실 다빈치를 한 분야의 직업인으로 분류하는 것은 맞지 않다. 화가이면서 건축가, 해부학자, 군기술자였던 그는 그야말로 어떤 상황에든 유연하게 대처할 수 있는 사람이었다.

다빈치의 유연성을 천재성으로만 치부하는 것은 옳지 않다. 그가 하늘이 내린 재능을 지닌 것은 맞지만, 그는 치밀한 노력형 인간이었다. 그 생생한 증거가 1만 3,000쪽 분량에 달하는 '다빈치의 노트'이다. 다빈치의 노트를 보면 그가 얼마나 다양한 분야에 관심을 가지고 하나의 궁금증을 다른 분야로 확대해나갔는지 알 수 있다.

어쩌면 그의 전인성과 유연성은 이런 방대한 관심사를 향해 뻗어나가면서 그만의 다중지능을 총체적으로 끌어올린 덕분에 생겨난 것이 아닐까?

9장

행복한 잡종으로
이끄는 내면력

우리 연구팀은 지난 10년간 8000여 명을 대상으로 '자생력 프로젝트'를 시행하면서 자생력을 개념화하고 연구해왔다. 오랜 시간 자생력을 갖춘 사람들의 특성을 살펴본 결과, 겉으로 봐서는 자생력의 유무를 판단하기가 쉽지 않았다. 다만, 자생력이 있는가 없는가를 구분할 때 눈에 띄는 성격적 특징이 있었다.

첫 번째 특징은 감성적 창의성을 갖추고 있는 이들 대부분은 호기심이 왕성하고 상상력이 풍부하다는 것이다. 같은 상황을 보더라도 누구는 호기심을 품지만 누구는 그대로 수용한다. 후자의 경우 더 이상 사고가 나아가지 않기 때문에 생각도 발전할 수 없다. 반면 호기심이 발동하면 또 다른 질문으로 이어진다. 호기심이 창의성의 원료가 되면서 새로운 지식을 창조하는 것이다. 이런 사고 체계에서 창의성이 발휘된다.

두 번째 특징은 동기가 분명하고 열정적인 끈기가 있다는 점이다. 상담을 하다 보면 학습이나 생활에 어려움을 겪는 학생들 대부분이 동기 결여로 힘들어한다.

"왜 공부를 하는지 모르겠어요"

"하라니까 그냥 하는 거예요."

동기가 결여되면 무기력해진다. 목적 없이 떠다니는 배는 어디로 닿을지 모른다. 그런 아이들에게 상담을 거쳐 동기를 일깨워주면 놀랍게도 다른 사람이 된다. 스스로 나아갈 힘을 얻은 아이들은 열정적 끈기를 갖고 뭔가를 시도하기 시작한다.

펜실베이니아대학교의 심리학과 교수 앤젤라 더크워스는 열정적 끈기의 힘, 그릿으로 큰 반향을 일으켰다. 재능 신화를 뒤집는 열정적 끈기의 힘을 지닌 이들이 보여준 멋진 반전은 자생력과도 연관이 있다. 동기가 분명한 이들은 열정적 끈기를 갖고 끝까지 뭔가를 시도하는데, 바로 그러한 힘이 자생력인 것이다.

자생력을 갖춘 이들의 세 번째 특징은 자율성과 자신감이 있다는 것이다. 4차 산업혁명 시대에는 구분이 사라진다. 초연결성이 화두인 만큼 정보와 지식, 경험과 차원이 연결되어 자유롭게 움직인다. 그런 만큼 사람의 생각도 자유로워지고, 경험의 개방성과 사고의 유연성 등이 자유롭게 구동되어야 한다.

그릿의 덕목을 보면 자생력과 상통함을 알 수 있다. 감성적 창의성을 갖춘 이들은 사고가 고정되어 있지 않았다. 언제든 바뀔 수 있다는 유연한 생각을 하기에 자율성을 갖고 행동했다. 한계를 두지 않는 자율성은 맞고 틀림을 떠나 자신감과 연결된다. 동기가 분명하기 때문이다. 그런 자신감 덕분에 자생력을 갖춘 사람들에게는 현재를 행복하게 살아낼 수 있는 힘이 있다.

한길만 팔 수는 없다

|

"저도 잡종입니다."

혁신과 잡종들의 과학사를 담아낸 책 『태양을 멈춘 사람들』의 저자이자 미래학자인 남영 교수가 미래사회 교육이 나아가야 할 방향을 강의하던 중에 한 말이다. 그는 전공이나 직업은 언제든 바뀔 수 있으며 필요하다면 무엇이든 받아들인다는 전인적 '잡종'의 태도로 다양한 분야에 마음을 열어두고 도전하라고 말한다.

실제 남영 교수 역시 전자계산학과를 나와 정보처리학 석사를 취득했지만, 역사를 공부하고 싶다는 마음에 과학기술사 박사 학위를 취득했다. 전공을 과학사로 전환할 때 주변의 반응은 싸늘했다. 미쳤다는 말까지 들으면서 결단을 내린 데에는 '좋아하는 일을 배우겠다'는 생각이 컸다. 지금도 그는 그때 포기했다면 후회하고 있었을 것이라고 말한다.

누구나 자신의 인생이 올바른 방향으로 가고 있는지 장담할 수 없다. 이 길이 맞는 것 같지만 돌아서면 의심스럽고 걱정되기 일쑤다. 거대한 변화의 물결 앞에서는 더욱 그러하리라. 중요한 것은 자기 자신에게 질문하는 태도다. 자기 자신과의 대화가 잘 이루어질 때 적어도 원치 않는 방향으로 가고 있지 않다는 믿음을 가질 수 있기 때문이다.

자생력이라는 단어에는 상당히 복합적이고 다층적인 개념이 포함되어 있지만, 자생력을 인간적인 질문으로 파악해보자면 '나는 행복하고 스스로에게 자신 있는가?'라는 물음을 던졌을 때 긍정적인 답변을 줄 수 있는 힘이라고 할 수 있다.

시시각각 변화하는 시대에 행복하고 자신 있는 사람 즉, 자생력을 갖춘 사람은 누구일까? 나는 행복한 잡종이 그런 사람이라고 생각한다.

혹자는 잡종이라는 말이 거슬릴 수도 있을 것이다. 그러나 자생력의 필요조건을 떠올려보자. 융합, 창의, 리더십이라는 각각의 요소가 하나로 묶여 자생력을 이룬다. 자생력은 다양한 잠재 능력을 학습하는 가운데 양성되고 전이되어 변화에 쉽게 적응하도록 만든

다양한 분야를 경험한 잡종적 태도는 시시각각 변하는 세상을 돌파하는 원동력이 된다.

다. 이것이 자생력에서 말하는 잡종이다. 자기 스스로 결정하고 주도해나가는 행복한 잡종이 될 때 자생력을 갖췄다고 할 수 있다.

다양한 분야를 경험한 잡종적 태도는 나 역시 다르지 않았다. 나는 산으로 들로 뛰어다니며 놀기를 좋아하던 시골 소년이었다. 공부에 영 재미를 못 붙이다가 어떤 계기로 공부에 흥미를 갖게 되었고 동기가 생기자 닥치는 대로 독서를 했다. 그 후로도 지식을 습득하는 일에 열정적으로 임했던 나는 어느 한 방향만을 고집하지는 않았다. 대학에 진학한 후 통계학을 전공하다가 교육이 지닌 가치에 매료되어 뒤늦게 교육 공부에 뛰어들어 유학까지 단기간에 마치고 강단에 섰다. 가르치는 사람이 된 후에도 교육과 심리의 관계성에 집중하다 보니 심리학을 공부했고, 예술과 과학 쪽으로도 관심을 넓혀 경계 없이 공부했다. 이런 잡종적 태도가 있었기에 지금도 어떤 일이 맡겨질 때 두려움 없이 공부하는 자세로 임할 수 있다.

자생력은 잡종적 인재로 성장하게끔 이끄는 내면의 힘이다. 이런 사례는 지나온 역사 속에서도 얼마든지 발견할 수 있다. 시대나 성향, 학문의 패러다임이 바뀌는 시기에 큰 영향력을 발휘한 인물들을 살펴보면 공통적으로 나타나는 것이 잡종적 태도였다.

17세기 천문학 혁명의 주인공이 된 케플러, 만유인력의 법칙을 발견하여 과학계를 비롯한 인류의 패러다임을 뒤바꾼 뉴턴, 상대성 이론으로 양자역학 세계를 연 아인슈타인 등 이들의 업적을 보면 오로지 과학 분야에만 심취했을 것 같지만 결코 그렇지 않다. 그들은 시대적 필요나 변화에 민감한 태도를 보였고, 한 가지 일에만 종사하지 않고 수학, 천문학, 인문학 등에 관심을 기울이며 통섭하는 잡종적 태도를 견지했다.

결국 그러한 다양한 경험과 지혜가 새로운 것을 창조해내고 시대를 이끌어가는 자생력 인재로 거듭나게 한 것이다.

행복하고 자신 있는가?

|

잡종도 잡종 나름이다. 잡종적 인재로 성장하라는 말을 아이에게 다양한 교육을 시키라는 말로 오해해서는 절대 안 된다. 자신의 인생을 스스로 주도하는 잡종일 때 행복한 잡종이자, 자생력 있는 사람이 될 수 있다.

사실 요즘처럼 다양한 경험을 하는 경우도 드물 것이다. 가정마다 정도의 차이는 있겠지만 교육열이 유난히 높은 우리나라 부모는 자녀에게 다양한 경험을 쌓게 해주려고 부단히 애쓰고 있다.

아직 걸음마를 떼지도 못한 아이를 데리고 문화센터를 다니며 조기 경험을 시키거나, 학원 서너 개 도는 것은 기본이고, 하루에

학원을 일곱 군데나 다니는 학생도 있다. 빡빡한 일정 속에서 아이가 경험하는 것을 진짜 '경험'이라 부를 수 있을지는 의심스럽다. 이런 방식은 이 시대가 요구하는 자생력과는 거리가 있다. 자생력은 이렇게 주도성 없이 작위적인 방법으로는 결코 얻을 수 없다.

"행복하고 자신 있는가?"

이 질문에 아이가 "그렇다"고 힘차게 답하려면, 스스로 행복하고 가치 있다고 여기는 다양한 경험을 하고 도전하는 마음가짐이 필수다.

그렇다면 어떻게 해야 자신의 인생의 주인이 되고 행복한 잡종으로 살아갈 수 있을까? 그것은 '자신만의 동기가 있는가?', '현재 나의 삶에 몰입하고 있는가?'에 달려 있다. 사람은 내적 동기에 의해 비로소 자유의지를 갖고 나아갈 수 있고, 진정으로 몰입할 수 있다.

우리 연구팀은 이를 위해 '동기심화 자생력 프로그램'과 '몰입 자생력 프로그램'을 설계했다. 내 삶에서 진정한 행복을 얻고 잡종으로 살아가기 위한 자생력을 키우고자 한다면 반드시 밟아야 하는 단계다. 자생력은 '행복하고 자신 있는가?'에 기분 좋게 응답하게 만드는 잡종 DNA임을 잊지 말자.

열심히 공부해서 성적만 좋아진다고 아이들의 미래가 달라지지 않는다. 변화의 시대에 기존의 교육 방식을 고수한다면 도리어 아이의 자생력을 죽이고 행복을 찾아가는 길을 방해할 수 있다. 자생력은 정답 중심에서 탈피해 문제를 찾아내고 창의적으로 문제를 풀 수 있는 길을 찾도록 도와준다. 이 자생력은 환경전략과 교육전략을 통해 토대를 닦고 4단계 접근을 통해 누구나 내면화할 수 있다.

3부

어떻게 자생력을
교육할 것인가?

10장

자생력의 토대를 마련하다
_환경 전략

자생력을 기르는 환경이 필요한 이유

미래학자 앨빈 토플러는 그의 책『부의 미래』에서 현대의 학교 체제가 왜 만들어졌는지 말한다.

> "현재의 학교 체제는 19세기 산업화 시대의 노동자를 양성하기 위해 만들어졌다. 단일화·표준화·대량화라는 산업 사회의 가치를 실현하는 데 학교 체제는 최적화되어 있다. 공장에 필요한 노동력을 공급하는 것이 19세기 학교의 가장 큰 목표였다."

그런 그가 한국의 학교 시스템에 대해 뼈아픈 지적을 했다.

"한국의 학교 교육은 여전히 19세기에 머물러 있다."

한국의 아이들은 4차 산업혁명 시대에 필요하지도 않을 지식과 존재하지도 않을 직업을 위해 하루 15시간 이상을 학교와 학원에서 아까운 시간을 허비하고 있다고 비판하는 그의 취지는 분명했다. 4차 산업혁명 시대를 맞아 한국의 교육 제도가 바뀌어야 한다는 것이다.

생산성을 최대한 끌어올리려는 인류의 욕망은 오늘날의 풍요를 가져왔다. 이는 교육에서도 마찬가지다. 교육은 보다 적은 사람들이 보다 적은 자원을 가지고 더 많은 교육효과를 창출할 수 있도록 공장형 학교 교육으로 진화했고 그 덕에 인류는 풍성한 혜택을 누려왔다. 하지만 무서운 속도로 다가오는 미래는 교육 패러다임에서도 혁명을 요구하고 있다. 그렇다면 지금 우리가 아이들에게 가르치고 있는 것이 과연 미래의 방향인지, 또 아이들의 자생력을 높여줄 수 있는지를 돌아봐야 한다.

8000여 명의 학습자를 대상으로 자생력 증진 실험 연구를 하면서 우리 연구팀은 학습능력이 어떻게 향상되는지 관찰할 수 있었다. 성공적인 학습자는 목표 달성을 위해 스스로를 동기화하고, 인

———
주입식, 객관식, 수동적 한국 교육은 더이상 인재를 키울 수 없다.

지 전략을 선택적으로 사용하며, 지속적인 자기평가를 통해 자생력 학습능력이 향상되는 양상을 보였다. 이는 연령이 증가하면서 저절로 이루어지는 것도 아니고, 환경에 의해 수동적으로 얻어지는 것도 아니었다. 그렇다면 무엇일까? 학습자와 환경의 상호작용에 의해 긴밀히 이루어지는 것이었다.

여기서 먼저 살펴볼 것은 교육 환경이다. 인간 행동의 변화는 교육 환경에서 출발하기 때문이다. 인간을 둘러싼 환경의 변화는 사회, 경제, 과학, 교육 등 사회 전 분야로 확산되어 삶과 생활방식에 영향을 미친다. 그 변화에 대한 이해와 대비가 필요한데 가장 중요한 부분이 교육이다. 학생들은 자신에게 무엇이 필요한지 모를 수 있다. 이를 통찰력 있게 파악하고 학생들을 이끌어가는 것이 교육자의 역할이다.

세상은 유례없이 빠르게 변하고, 앞으로 사회는 예측하기 어려울 만큼 달라진다. 4차 산업혁명에서 확언할 수 있는 것은 거의 없다. 다만 한 가지 확실한 건 지금보다 '자생력'이 더욱 더 필요할 것이라는 사실이다. 사회 전반적으로 자생력을 발휘할 수 있는 환경이 요구되는 이유다.

자생력을 기르는 3가지 풍토

|

교육이 잘 이루어지려면 환경이 잘 조성되어야 한다. 먼저 교육의 지향점이 시대적 요구와 교육 방법과 잘 맞아야 하는데, 4차 산업혁명 시대에 필요한 자생력이 감성적 창의성을 의미하는 만큼 우리 나라에도 감성을 발달시키고 창의성을 향상시키는 교육 분위기가 조성되어야 한다. 이는 문화적, 사회적, 교육적 풍토 아래서 기를 수 있다.

자생력이 꽃피는 문화 풍토란 무엇일까? 이는 기본적인 문화 인프라가 조성되어 있어야 한다는 의미다. 한 사회에 문화 기반이 잡혀 있다는 것은 사회가 산출할 수 있는 창조와 관련 있다. 자생적이고 창조적인 생산은 다양한 배경의 다채로운 사람들이 서로 다른 아이디어를 교류할 때 싹을 틔우고 자라날 수 있기 때문에 인프라가 조성된 문화 풍토는 필수 조건이다.

한국 사회에 뿌리 깊게 새겨진 유교문화는 서열 혹은 계층 의식을 낳았다. 단시간 내 이룩한 산업화와 민주화의 성과는 경쟁 중심의 승자 독식 사회, 그런 사회에서 살아남기 위한 과열 경쟁을 부추겼다. 이런 사회 구조적 문제는 각 가정에 수직적이고 서열화된 문화로 전파되었고 자녀에게 순종을 강요함과 동시에 기대하지 않은 반응이 돌아오면 공감하기보다 무시하고 배척하는 방식으로 자리 잡았으며 결과적으로 아이의 호기심과 창의성을 방해했다. 그러니 과거 부모가 살아온 방식을 버리고 가정에서부터 새로운 풍토를 만들어야 한다.

수년 전, 자녀 교육에 바람을 일으킨 사람이 있다. 예일대학교 에이미 추아 교수는 중국식의 엄격한 자녀 훈육 방식을 강조한 『타이거 마더』를 펴냈다. 추아 교수는 스파르타식 자녀 교육으로 두 딸을 명문대에 보낸 것으로 유명한데, 전 과목 A학점 취득을 명령하고 목표를 달성하도록 강요하는 교육법을 통해 큰딸이 하버드대와 예일대에 동시 합격하는 놀라운 성과를 얻었다. 이 결과를 두고 항간에서 옹호하는 입장과 비판하는 입장이 공존했으나 중요한 건 최근의 행보다.

최근 추아 교수는 한국의 자녀 교육에 책과는 사뭇 다른 조언을 내놓았다.

"한국 엄마는 이미 호랑이입니다. 아이를 놀게 해주세요. 아이에게 자유를 주세요. 아무것도 안 해도 되는 시간을 주세요."

그녀의 자녀 교육관이 바뀐 것일까? 한국에서 개최한 '글로벌 리더스 포럼'에 나와 강연을 한 추아 교수에게 그동안 어떤 변화가 있었는지 물었다.

"타이거 마더는 그대로입니다. 문제는 한국이기 때문에 자유가 더 필요한 겁니다. 아이들을 옥죄는 한국과 중국에서는 자유가 필요하다고 생각합니다. 이때 아이가 스스로 일어설 수 있도록 하는 자생 교육 제1계명은 아이가 자기 의견을 말할 수 있도록 하는 거예요."

추아 교수는 아이가 하기 싫어하는 것을 억지로 시키는 것은 바람직하지 않으며, 아이가 좋아하는 일을 할 때 그것을 포기하지 않도록 이끄는 것이 진정한 타이거 마더라고 말한다. 교육의 목표를 위해 소리를 지르거나 겁을 주며 몰아붙이지는 말되, 그렇다고 무조건 잘했다 박수를 치는 것도 아닌 엄격한 자세와 따뜻한 포용 두 가지가 적절히 조화되어야 한다는 추아 교수의 조언은 새겨들을 만하다.

부모의 눈에는 엉뚱하게 보일지라도 아이는 자신의 말로 생각과 의지를 표현하고 있다. 충고나 지시를 하기보다는 아이가 무엇을 말하고 싶은지 듣고 그 생각을 존중해주는 분위기가 가정에서부터 시작되어야 한다.

교육 풍토는 자생력을 이루는 세 가지 요소 융합·창의·리더십이 통찰력 있게 발휘될 수 있게 이끈다.

○ ○ ○

더불어 창조적 성취에 대해 평가를 해주는 사회 풍토가 필요하다. 사회는 생각보다 단순히 움직이기도 한다. 바이올리니스트 장영주로 인해 수많은 바이올린 지망생이 생겨났다. 입문한 이들에게는 그의 연주 실력이 좋은 자극이 되면서 성취 의욕을 높였을 것이다. 김연아 선수도 마찬가지다. 김연아 키즈를 만들어내며 피겨 종목을 비인기 종목에서 인기 종목으로 바꿔놓았다. 여기서 알 수 있듯 자생적이고 창조적인 성취자의 출현을 가치 있게 생각하는 풍토가 안착될 때 자생력은 더욱 힘을 얻는다.

마지막으로 자생력을 중요시하는 교육 풍토도 필요하다. 호기심은 자생력의 주요 인자다. 호기심과 상상, 탐색은 사람이 가질 수 있는 자연적 자산이다. 호기심을 자극하면 창의성이 발동하는데 문제는 호기심과 상상력을 누르고 꺾는 교육 풍토다. 자생적인 창의자는 질문하고 상상하며 스스로 답을 찾아감으로써 성취감을 느낀다. 호기심과 상상력을 탐색하는 교육을 인정하고 권유하는 교육 풍토가 필요하다.

교육 풍토는 자생력을 이루는 세 가지 요소 융합·창의·리더십이 통찰력 있게 발휘될 수 있게 이끌 것이다. 단순히 '어떤 지식을 아는가?', '얼마나 많이 아는가?'에 잣대를 두지 않고, 지식을 기반으로 자율적이고 독립적인 사고를 할 수 있도록 이끈다. 지식과 사람을 융합하고 그 속에서 새로운 것을 창조해 창의적인 방향으로 사람을 나아가게 해준다. 수많은 규칙과 통제 속에서 아이들은 호기심을 잃고 결국에는 보이지 않는 상자에 갇히게 된다는 점을 알아야 한다.

시대의 변화에 따라 혁신적인 교육 제도가 등장하고 있다. 대표적인 예가 칸 랩 스쿨Khan Lab School과 미네르바 스쿨Minerva School at KG이다.

칸 랩 스쿨은 온라인 무료교육 사이트로 교육용 앱을 만들어 무료로 배포하고 있는 칸 아카데미Khan Academy에서 설립한 오프라인 학교다. 이 학교는 5~12세 아이들만 입학할 수 있고, 교육 철학을 실험하는 연구학교로 운영되고 있다. 개인 맞춤형 수업이 제공되고, 나이에 따라 반을 나누지도 않는다. 성적도 시험도 없고 협업을 중시하여 프로젝트로 수업을 진행한다.

미네르바 스쿨은 ICT 기업의 CEO 벤 넬슨이 설립한 혁신적인 대학이다. 샌프란시스코에 기반을 둔 교육 스타트업인 미네르바 스쿨은 부와 입시를 분리하겠다고 선언하며 오로지 인터뷰와 에세이 시험을 통해 학생을 선발하는데, 정해진 캠퍼스와 강의실 없이 온라인 수업만을 진행한다. 소수정예 토론으로 비판적 사고 및 소통 능력을 기르고 런던, 베를린, 서울 등 세계 각국의 도시에서 학생들이 직접 삶을 체험할 수 있는 교육의 기회를 제공한다. 설립 4

년 만에 하버드나 스탠퍼드보다 더 들어가기 힘든 대학이 되었다.

교육과정이 더 이상 나이와 결부시킨 학년이나, 학교가 선택한 교과목이 아니라 학생들의 흥미와 적성에 따른 다양한 선택과 개별 학습이 이루어지는 체제여야 한다는 생각에 이를 수 있을 것이다. 또한 학생들의 적성과 흥미가 고려된 선택적 교육과정이 확대되면서 빅데이터, 클라우드 등 IT 기술의 적극적인 도입으로 효율성을 꾀하는 학교로 이동해야 한다는 방향을 갖게 될 것이다.

이러한 문화적, 사회적, 교육적 풍토가 조성된 상황에서 자생력 학습이 이루어질 때 효과를 발휘할 수 있다. 자생력 환경 전략이 그 어느 때보다 절실하다.

11장

자생력을 학습하다
_학습 전략

자생력은 자아실현을 이끈다

학습에서 출발하는 자생력은 궁극적으로 '자생력 있는 자아실현'을 이루게 해준다. 성과지향적 교육 풍토 아래서 우리 아이들은 내달려 왔으며 이는 성인이 되어서도 자신이 무엇을 좋아하고 무엇을 원하는지도 모른 채 외부에서 주어지는 목표에 따라 경쟁하고 살아가도록 이끌었다. 정말 중요한 자신의 존재가치나 잠재 능력을 간과하게 된다는 말이다. 이런 방식이 한창 성장하고 있는 학습자에게 심각한 부작용을 일으킨다는 사실은 이미 많이 증명되었다. 자신의 개별성에 근거하지 않은 채 무분별하게 경쟁하면서 학업 스트레스에 빠지고 때로는 따돌림, 심하게는 학교 폭력 등의 형태로 공격적인 행동을 보인다. 교육 위기 상황에서 학습자는 자신의 잠재 능력을 살피고 몰입해 그 능력을 온전히 발휘하는 자생적 태도를 길러야 한다.

자생력 학습은 학습 문제를 해결하는 것에서 시작해 삶의 여러 장면에 균형감 있게 전이되어 모든 영역에서 주체적인 인간으로 성장할 수 있도록 이끄는 것을 목표로 한다. 이러한 자생성은 단기간에 길러지지 않는다. 신체를 통제하는 능력은 유년기에 획득되지만 삶의 전반에 대한 자생적인 태도와 스스로 학습하는 능력은 지속적인 훈련이 필요하다.

시시각각 변화하는 사회에 적응하여 자신의 자생력을 발휘하기 위해서 학습자는 스스로 정체성을 확립하고 삶의 목표를 수립하여 이를 실천하기 위해 부단히 노력해야 한다. 이렇게 길러진 자생력 학습능력은 기계와 대결하고 또 공존해야 하는 평생학습 사회에서 자신의 목표와 가치를 온전하게 가꾸는 최선의 방법이며 전인적 자아실현을 통해 행복한 삶을 추구하도록 돕는다.

4차 산업혁명 사회에서는 한 인간으로서 살아남기 위한 자생적 인재상은 결국 한 사람, 한 사람이 인간으로서의 가치를 스스로 찾아가고, 그 가치가 개인의 가치를 넘어 사회 구성원으로서의 가치로 발전될 수 있도록 하는 자생적 특성이 필요하다. 자생력을 갖춘 인간은 인간만이 가질 수 있는 고차원의 문제해결 능력, 다른 사람과의 사회 정서적 능력, 감성 능력 등을 갖춘 사람을 말한다.

자생적 인재 양성을 위한 교육을 이야기함에 있어 우리가 끊임없이 학생들에게 물어봐야 하는 하나의 질문은 '행복하고 자신 있는가?'가 되어야 한다. 이 질문에 대한 답은 어른들의 관점이 아니라 아이들이 스스로 행복한 삶을 추구하도록 어떤 학습 환경을 마련해줄까에 초점이 맞추어져야 한다.

자생적 인재 양성을 위해서는 4차 산업혁명 시대에 걸맞은 교육 기반을 확충, 재정비하며 자생적 인재 양성에 대한 사회적 공감대를 시급히 형성해야 한다. 특히, 주입식 교육을 탈피한 사고력·문제해결 능력의 신장과 자생적인재 양성 방안 및 개인 맞춤형 교육 환경 마련 등이 필요하다. 한국의 교육계가 지닌 타인지향적이고 단순 암기식의 교육 환경을 탈피해야 한다.

자생적 학습의 주체

|

자생력 학습의 핵심은 학습자가 학습의 전 과정에서 스스로 주도권을 갖고 있느냐다. 학습자가 스스로 학습목표를 정하고 그 목표를 달성하는 데 필요한 도움 요소를 마련하고 적합한 학습방법

자생력 쌓기는 청소년을 주요 대상으로 하기에 학습에서 출발하며 궁극적으로
개인의 자아실현을 돕는다.

을 사용하여 실천한 뒤, 전 과정을 스스로 평가할 줄 알아야 한다. 자신이 정한 목표를 달성해가는 과정을 통해 학습자는 학습의 즐거움을 맛보게 되고 모든 과정에서 책임감을 갖게 되면서 자생력의 싹을 틔울 수 있다.

학습자가 학습의 주도권을 갖게 되면 학업성취 수준에 관계없이, 자생력 학습의 습관을 형성하고 위기를 극복하는 '내적인 힘'을 키울 수 있다. 예를 들어, 학업성취가 낮은 학생들은 자신의 능력에 대한 정확한 진단을 근거로 목표를 설정하는 방법을 익히게 되고, 이를 달성하는 과정에서 학습 의지와 주도 능력을 향상시킬 수 있다.

때로는 실패를, 때로는 성공을 경험하면서 자신에게 맞는 학습 습관을 형성하는 수준에 이른다. 이런 경험을 거치며 학생들은 문제를 해결할 수 있다는 자신감을 갖게 되고, 문제 상황에 직면했을 때도 피하지 않고 해결하려는 도전의식을 갖는다. 실패에 대한 경험은 일차적으로는 학업성취를 높이는 것에서 시작해 전이를 통해 학습자의 내면적 성장을 도와 결국에는 성장의 발판이 된다.

마지막으로 학습 행동을 주도하고 몰입하여 최적의 학습 경험을 하게 되고, 자신의 특성과 적성에 대한 진단을 통해 잠재 능력을 개발할 수 있는 경험을 하는 것은 물론, 생각을 표현하고 다른 학생들과 소통할 수 있는 능력을 기를 수 있다. 이러한 경험이 진정한 자생력을 갖춘 사람으로 거듭날 수 있도록 해준다.

자생력은 자신에 대한 이해에서부터 시작된다. 이를 바탕으로 자신의 강점과 약점은 무엇인지 살펴봐야 한다. 이때 자신에 대한 이해란, 지적·정의적·행동특성적인 측면에서의 총체적 이해를 뜻한다는 점을 주의하자. 자기이해의 과정을 밟으면서 자생력 학습 전략을 이어갈 때 비로소 자생력을 내면화할 수 있다.

자생적 학습의 모델

|

자생력 학습은 기존의 교육체계를 반박하는 것이 아니다. 시대의 전환기를 고려하여 교육과정을 다시 들여다보고 교육과정과의 연계, 과목, 학년 주제 및 방법의 계열성과 통합성을 고려하여 새로이 체계를 꾸려가는 과정이다. 학교 밖에서의 교육과 자원 활용, 시공간을 뛰어넘어 정보와 자원을 활용할 수 있도록 하되 인간의 정의적 성향을 강화시켜줄 비판적·창의적·통합적·논리적 사고력에 덧붙여 협동 능력을 더할 체계가 필요하다. 자생력 학습의 목적은 능동적인 학습자를 만드는 것이 최우선인 만큼 학습자가 자생적으로 학습할 수 있는 교육 모델이 필요하다.

따라서 자생력 학습 프로그램을 개발한다면 다음과 같은 절차가 필요하다. 먼저 문학·사회·철학·과학·예술 등 다양한 분야에서의 자생적 인재에 대한 자료를 수집하고 토론한다. 그리고 융합, 창의, 리더십을 핵심 능력으로 하는 방향성을 정한다. 그 뒤 융합, 창의, 리더십을 바탕으로 통찰력이 탄생할 수 있는 주제를 각 학년 교육과정과 그 외 분야에서 찾아 선정한다. 그런 후에 학생 주도의 학습을 이어갈 수 있는 학습모형을 선택하여 능동적인 자생적 학습자로서 프로젝트를 진행하도록 하는 것이다.

이를 자생적 학습을 위한 실천 모형으로 구성하면 다음과 같다. 여기서 표현된 자생적 학습모형은 크게 세 부분으로 나뉜다. '환경 차원'은 자생력 학습이 이루어지기 전 단계를 말한다. '학습 차원'은 다양한 교육 환경과 상호작용이 이루어지는 과정이다. '결과 차원'은 학습효과를 점검하는 과정이다.

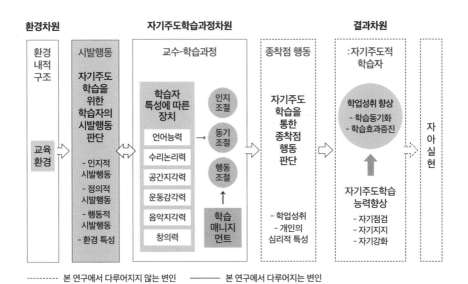

환경 차원은 주로 학습자를 진단하는 과정이다. 그 사례로 연구 센터를 찾은 민희의 이야기를 들어보자.

맞벌이 가정에서 자란 민희는 학교 성적은 괜찮은 편이지만 과목 간의 점수 편차가 꽤 컸다. 과목에 대한 호불호가 갈리다 보니 학업 의지도 떨어지고, 그 영향 탓인지 생활도 불안했다. 연구팀은 자생력 학습 프로그램을 진행하기 전, 민희의 환경을 먼저 진단했다. 알고 보니 아이는 늘 시간이 부족하다고 느끼고 있었다. 맞벌이 가정에서 맏딸로 자란 아이는 동생들을 챙겨야 한다는 부담감에 시달리고 있었다. 그로 인해 공부 시간이 부족하다고 느꼈고 잘하는 과목 위주로 공부에 임했던 것이다.

자생력 학습에 앞서 학습자의 환경 차원을 살펴보는 일은 매우 중요하다. 시발행동을 통해 개인이 갖는 다양한 특성을 분석하고 사전정보를 획득하며, 그에 따른 적합한 '교수-학습 과정'을 배치할 수 있기 때문이다.

환경 차원은 개인의 배경변인으로서 교육 환경을 의미한다. 환경은 인간 행동에 영향을 주는 원천적이고 기본적인 요소로 개인을 둘러싸고 있는 모든 것을 의미한다. 즉, 개인을 둘러싼 외부에 작용하는 생리적·생물학적·정신적·사회적 형상을 통칭한다.

환경은 학습에 중요한 영향을 미친다. 학습자는 자신의 교육 환경을 정확히 이해함으로써 그 환경의 강점과 약점이 무엇인지 알고 있어야 한다. 그래야 비로소 출발할 수 있으며 학습자와 교육 환경 간의 조화로운 상호작용에 의하여 성공적인 자생력 학습이라는 목적을 달성할 수 있다. 또한 학습에 방해가 되는 환경 요인을 찾아 학습자 스스로가 다양한 방법으로 요인을 제거할 수 있게 도울 수 있다.

다음은 학습 차원이다. 자생력 학습은 환경 차원의 결과에 따라 적절한 교수-학습 과정을 배치하는 동시에 심리적·환경적 자극을 극대화하는 단계에서부터 출발한다. 학습자별로 교육 환경과 학습법, 선행학습 수준, 자아개념에 개인차가 있다. 학습자의 학습능력 수준에 알맞게 학습활동을 개별화하여 학습목표의 달성을 촉진하기 위해 연구자는 학습자의 시발행동을 정확히 이해하여 학습결과를 극대화시키도록 노력해야 한다. 그러므로 학습자의 특성에 대한 정확한 진단이 이루어져야 하며, 진단 결과에 따라 연구자는 학습자에게 적합하고 타당한 교수-학습활동이 이루어지도록 한다.

민희의 경우, 먼저 시간에 대한 압박감을 줄이기 위해 심리적·환경적 방해 요인을 제거하는 일부터 시작했다. 민희가 압박받는 상황에 대해 충분히 이야기를 나누고, 동생 돌보는 일에 대한 부담을 덜어주었다. 일주일에 하루는 완전한 자유 시간을 주는 등 아이가 원하는 방향으로 여유를 주자 아이는 놀랍게도 변했다.

또한 우리는 민희에게 호불호가 극명하게 갈리는 과목 편식에 대해서도 물어보았다. 다행히 과목 편식에 대한 특별한 이유가 없었기에 공부 시간 중 20%를 싫어하는 과목에 신경 쓰는 계획을 세우는 것으로 마무리했다. 또한 자신이 세운 계획의 달성 여부에 따라 스스로에게 주는 보상과 벌도 정하여 학습을 이어갔다.

이렇듯 학습 차원에서는 학습자의 특성에 따라 적절한 교육 환경과 동기, 인지 행동주도 전략을 투입하여 실천한다. 학습자는 형성평가로 자신의 학습을 점검할 기회를 갖고 목표를 달성한다.

학습 차원을 지나면 최종적인 행동 변화가 이루어지는 종착점에 도달한다. 학습목표 달성을 통한 성취가 나타나 학습효과가 극대화되는데, 이때의 향상은 다른 교과로 전이되어 지속적인 학습효과를 가져오게 한다.

마지막 결과 차원에서는 행동 특성의 변화와 만날 수 있다. 자생력을 갖춘 성공적인 학습자와 만나게 되는 것이다. 이때 성공적인 학습자란, 학습자 스스로가 자신의 학습에 영향을 미치는 요인을

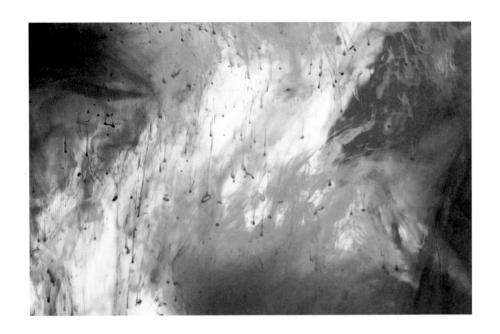

자생력 학습은 기존의 교육체계를 다시 들여다보고 새로이 체계를 꾸려가는 과
정이다.

관리하여 학습의 방해 요인을 제거하고, 최적의 학습 조건을 설정하여 학습 전략을 세우는 사람이다. 이들은 자생력을 갖출 뿐 아니라 끊임없는 자기점검과 자기지시, 자기강화를 통해 자생력을 계속해서 증진시킬 수 있다.

자생력 학습으로 자생력을 갖추게 된 민희는 완전히 달라졌다. 예전처럼 시간에 쫓기는 아이가 아니라 모든 것을 다 할 수 있는 책임감 있는 사람이라는 정체성을 가질 수 있었다. 그토록 호불호가 갈리던 교과에 대한 선입견을 지우고 싫어했던 영어 과목의 학업을 강화할 수 있었다.

가령 영어 말하기를 연습할 때, 테이프로 녹음하여 들어보고(자기점검), 본인이 영어 말하기를 제대로 하고 있는지 판단하고(자기지시), 미흡한 부분은 스스로 연습을 더 하는(자기강화) 식이었다. 이제 민희는 더 이상 불행하지도, 불안해하지도 않는다. 어떤 일이든 스스로를 돌아보고 전략을 세워 결과를 만들어낼 수 있다는 것을 알기 때문이다.

앞으로 더욱 고도화될 정보화 시대에서 스스로 학습하고 지식을 생산하는 자생력 학습능력을 기르는 일은 매우 중요하다. 자생력은 환경을 점검하고 학습 전략을 세워 결과를 내는 교육과 훈련으로 생성되고 증진될 수 있다.

12장

자생력
프로그램이란?

자생력을 키우는 4단계

자생력의 첫걸음은 학습 훈련이다. 이는 단순히 성적을 높이는 훈련이기보다는 학습자 스스로가 왜 자신에게 이 공부가 필요한지를 깨닫고, 미래에 대한 전략을 세워 자신만의 성공적인 삶을 만드는 학습 방법이다.

나는 30년 넘게 대학 강단에서 수천 명의 학생들을 만나왔는데, 그들을 보며 느낀 점은 뭘 해야 할지 막막해한다는 것이었다. 아마도 이는 지금의 한국 교육에 그 원인이 있을 것이다. 한국 교육은 학습자 자신이 학습의 전체를 이끄는 교육이 아니라 부모나 교사

등 타인에 의해 지시를 받고 끌려다니는 교육이다. 한마디로 타인 지향적이고 접수적 교육이라고 할 수 있다.

이런 교육에서 벗어나려면 스펙을 쌓기 위해 학원을 다니더라도 왜 가야 하는지, 가서 얻는 것은 무엇인지 학습자 스스로 고민해야 한다. 그제야 비로소 자생력 학습의 첫 단추가 끼워지는 것이다.

우리 연구팀이 수년간 진행한 자생력 증진 프로그램은 자생력 이론에 근거하여 학습적인 부분을 중심으로 하는 프로그램이다. 학업연령기에 있는 학생들이 연구 대상이어서 그들이 처한 환경, 즉 학교와 학업, 가정과 친구 관계에서 자생력을 기를 수 있는 방안을 연구하면서 적용해왔다. 단기적으로는 학습역량이 올라가고, 장기적으로는 전인적 특성을 통해 학습의 극대화가 나타나 진정한 자생력을 갖고 성숙한 인간으로 자라도록 목표로 삼았다.

우리가 맡은 8,000여 명의 사례에서 모두 자생력이 증진되었다고 단언하기는 힘들다. 하지만 그동안의 결과로 확인할 수 있었던 것은 수동적인 태도에서 벗어나 자기주도적 변화를 보였다는 점이다. 이것은 변화에 대응할 준비가 되었음을 의미한다.

자생력 학습 프로그램은 총 4단계로 나뉜다. 기본적으로 학습능력을 기르게 하는 1단계 '동기주도 · 인지주도 · 행동주도 기본 프로그램', 1단계에서 자생력 학습 훈련을 받은 학습자가 이를 유지하도록 돕는 '심화' 2단계. 자생력의 원료인 '자아존중감'을 높이는

3단계 자생력 프로그램, IQ, EQ, SQ를 높이는 4단계 '특화' 프로그램이 그것이다. 2단계까지는 순서를 따르고 3단계부터는 학습자의 특성에 맞춰 필요한 부분을 찾아 적용한다.

동기와 인지, 행동을 수정하다_1, 2단계 프로그램

|

자생력 프로그램을 시작하려면 학습자에 대한 진단이 우선되어야 한다. 연구팀은 학습자가 현재 어떤 상태인지 크게 3가지 방향으로 나눠 살펴보았다. 첫째, 학습자에게 학습 동기가 있는가? 둘째, 학습자의 학습능력에 개선이 필요한가? 셋째, 학습자가 자기관리를 잘하는가? 이는 각각 동기주도·인지주도·행동주도 자생력 프로그램으로 진단할 수 있다.

동기주도 자생력 프로그램

이 프로그램은 '학습자에게 학습 동기가 있는가?'부터 살핀다. 연구 센터를 찾는 아이들 상당수는 왜 공부를 하는지 모르겠다고 토로한다. 이것은 더 나아가 왜 사는지에 대한 삶의 문제로도 연결되는 경우가 많기 때문에 중요한 포인트다. 학습자가 학업이나 기타 활동에 동기가 결여되어 있다면 자생력을 형성하는 데 굉장히 불리하다. 인간의 행동 특성이 형성됨에 있어 동기가 분명할수록 역동적인 힘을 받기 때문이다. 이 경우에는 학습을 지속하기 위해 다양한 '동기주도 전략'을 훈련시킨다.

동기가 확실할수록 아이의 학습지향성이 높아지고 스스로 학습동기를 확립하고 유지할 수 있는 학습자가 될 수 있다. 이것이 곧 자생력의 기본인 통찰, 생각하는 자세로 이어진다. "내가 왜 공부하는지 모르겠어요. 아무 생각 없이 멍하니 의자에 앉아 있다가 집에 올 때가 많아요"라고 말하는 학습자에게 새로운 정보를 준다거나 계획을 짜는 일은 무의미하지 않겠는가.

따라서 동기가 사라지게 된 배경을 보되, 학습자의 수준에 맞춰 자신감을 향상하는 훈련을 하거나 학습의 이유를 함께 찾아보는 식으로 학습의 중요성과 필요성을 인식하게 하는 것이 중요하다. 특히 자기 자신에 대한 비합리적인 사고가 무엇인지 객관적으로 살펴보면서 생각의 방향을 수정하는 일이 시급하다.

의미를 찾고 나면 목표에 대한 이야기를 나눌 수 있다. 학습 동기가 부족한 경우 하고 싶은 일에 대해서도 무척 소극적이다. 동기가 채워지면 자연스럽게 목표도 세워지므로 그때 목표지향 자생력 프로그램을 활용할 수 있다. 목표가 정해지면 탐색과 노력의 시간이 이어진다.

인지주도 자생력 프로그램

인지주도 자생력 프로그램은 '학습자의 학습능력에 개선이 필요한가?'에 초점을 맞춘다. 학습자 중에는 실제적인 학습능력이 취약하여 자생력이 떨어지는 경우도 많다. 수업 시간에 딴생각을 많이 한다거나, 내용의 주제 파악을 어려워한다거나, 특정한 분야에 취약함을 보이는 등 양상은 여러 가지다. 학습자들을 상담하면서 어떤 학생은 의자에 15분도 앉아 있지 못한다고 고민을 토로했고, 어떤 학생은 수업 시간 내내 딴생각을 하느라 수업 내용을 하나도 기억하지 못한다고 고백하기도 했다. 이것은 인지적 부분이 강화되지 않은 결과다.

이런 경우 '인지주도전략'을 적용하여, 학습에 필요한 기술을 익히고 발전시켜 스스로의 능력 안에서 최대의 효과를 얻을 수 있도록 돕고 있다. 학습능력 향상, 주의집중 훈련, 읽기 훈련, 정리 훈련 등의 세분화된 프로그램을 적용하여 학습기술을 익혀 행동과 인식을 개선할 수 있게 하는 것이다.

예를 들어 학습능력 향상을 통해 자생력을 강화하는 훈련을 한다고 하자. 이때 학습자는 주어진 자료를 기억하고 이해하는 데 사용되는 실제적인 전략을 익힌다. 똑같은 시간을 투자했는데 어떤 사람은 더 많이 학습하고 기억하지만 어떤 사람은 그러지 못한다.

자생력 프로그램은 단계적으로 동기와 인지, 행동을 수정하고 강화한다.

학습전략의 차이에서 오는 것이기에 이 부분을 훈련으로 개선시키는 것이다.

인지주도 전략은 학습에 문제를 일으키는 인지적 측면의 방해 원인을 확인하고, 사고력 향상과 읽기 전략으로 인지적 결점을 극복하면서 효율적인 학습 전략을 세울 수 있도록 하는 데 그 목표를 두고 있다.

행동주도 자생력 프로그램

행동주도 자생력 프로그램 '학습자가 자기관리를 잘하는가?'를 중심으로 한다. 자생력 프로그램에서 초점을 두는 부분은 행동이다. 학습에 있어서 제한된 시간 내에 최대한 능률적으로 학습을 해내는 자기관리 기술이 부족한 경우, 이는 곧 학업성취의 저하와 동기 결여로 이어진다. "저는 계획은 잘 세우는데 늘 계획뿐이에요. 작심삼일도 안 돼요"라고 호소하는 아이들이 이에 해당된다. 이런 경우는 자기 자신이 삶의 주체가 되어 의미 있는 생활을 창조할 수 있는 제반 여건을 마련하고, 스스로를 변화시킬 수 있는 프로그램으로 행동력을 높여야 한다.

'행동주도 전략'에는 바로 행동할 수 있는 실제적인 실천들이 포함되어 있다. 예를 들어 '나의 하루' 활동의 경우 효과적인 시간관리 능력과 시간관리를 방해하는 요인을 찾아내어 스스로 해결 방안을 생각하게 한다. 학습환경 활동의 경우는, 학습환경의 문제점을 찾아내고 개선책을 찾아 마련해본다. 학습자가 어려워하는 부분 중 하나인 해야 할 일을 제대로 해내지 못하는 경우에는 '우선순위 정하기', '시간계획 세우기' 등의 활동으로 학습의 분량과 방식을 스스로 정해 지켜나가는 방법을 배워서 활용하게 한다.

이러한 자생력 프로그램은 동기주도·인지주도·행동주도라는 세 가지 기본적인 학습능력을 길러주고 그로 인해 자생력을 갖추게 한다.

동기와 인지, 행동을 강화하다_ 3, 4단계 프로그램

|

3단계 자아존중감 프로그램은 1, 2단계를 통해 자생력 토대를 마련한 후 실시한다. 자생력의 연료인 자아존중감이 생기면 시련에도 상처를 극복하고 다시 도전할 수 있는 진정한 자생력 학습자로 거듭날 수 있다. 그 이후에 실시되는 '특화' 자생력 프로그램은 앞선 3단계를 거쳐 발전시킨 자생력 학습 능력을 보완하는 프로그램으로, 사고력 향상을 목표로 하는 IQ 자생력 프로그램, 자신의 정서를 인식하고 주도하는 것을 목표로 하는 EQ 자생력 프로그램,

관계 속에서 다양한 능력을 확대하도록 돕는 SQ 자생력 프로그램이다. 2단계까지는 순서를 따르고 3단계부터는 학습자의 특성에 맞춰 필요한 부분을 찾아 적용한다.

자생력은 갑자기 만들어지는 내공이 아니다. 지속적인 교육으로 점진적으로 증진되는 내면의 힘이다. 그래서 자생력 즉, 감성적 창의성을 개발하는 일은 생각의 기반을 다지는 일에서 시작된다. 또한 학습자 개개인이 자신만의 자생력 학습법을 배우도록 하고 그 학습의 행동 결과로 스스로 자생력을 키울 수 있게 돕는다. 자생력은 '스스로 행복하고 자신 있는가?'에 확실히 그렇다고 말할 수 있는, '스스로'가 중요한 역량이기 때문이다.

지금까지 자생력 프로그램의 전체적인 구조를 설명했다. 주의할 것은, 자생력을 증진하고 강화하기 위한 프로그램은 사람에 따라 상황에 따라 언제나 달라질 수 있다는 점이다. 또한 반드시 위의 단계를 순서대로 밟는 것도 아니다. 이 프로그램의 핵심은 대상자가 어느 부분에서 가장 취약한지 파악하고 그 부분을 채워주면서 내면의 힘을 드러내도록 돕는 것이다. 따라서 학습자에 맞게 프로그램은 언제나 다변한다는 것을 염두하자.

그럼 우리 연구팀이 만난 다양한 학습자의 사례를 지금부터 만나보자. 이론으로는 막연하게 다가왔던 자생력 프로그램을 실제 사례에 적용해보면서 어떻게 자생력을 발현할 수 있도록 이끌 수 있는지를 살펴보겠다.

중요한 것은 미래의 역량인 자생력을 어떻게 내면화 하는가. 우리 연구팀은 8,000여 건의 연구 사례를 통해 자생력 프로그램을 완성할 수 있었다. 이 프로그램은 학습적 역량을 향상시키는 동기와 몰입, 인지 능력에 집중하는 한편, 감성적 역량EQ과 사회적 역량SQ을 높여준다. 인간의 전인적 요소를 모두 자극하는 프로그램이다. 그중에서도 우리 연구팀이 특히 집중한 것은 아이들의 학습적 역량인데, 학습으로 평가받는 학습자인 만큼 학습성취에 따라 자존감과 대인 관계에 큰 영향을 받기 때문이다. 또한 장차 사회의 주체가 될 아이들에게 학습적 기반을 다져 성숙한 인간으로 이끄는 것 역시 필요하다는 판단에서다. 4부에서 자생력 프로그램이 어떻게 개개인의 자생력을 향상시켰는지 확인할 수 있다.

4부 ——

자생력은 어떻게
내면화하는가?

WILD

13장

동기를 자극해
자생력의 뿌리를 단단히 하라

당신에게는 동기가 있는가?

한 작가가 글을 쓰고 있었다. 조용한 환경에서 집필하고 싶었지만 안타깝게도 그가 사는 집 앞에서는 아이들이 해맑게 소리치고 뛰노는 일이 많았다. 아이들이 노는 풍경은 으레 시끄럽기 마련이다. 쉴 새 없이 쏟아지는 고성에 작가는 노이로제에 걸릴 지경이었다.

"얘들아 다른 데 가서 놀겠니?"

하지만 아이들은 대답만 할 뿐 또다시 깔깔거리며 시끄럽게 뛰놀기 일쑤였다. 생각다 못해 작가는 당근을 빼들었다. 집 앞에 모여 노는 아이들에게 천 원짜리 지폐를 쥐여주며 부탁했다.

"얘들아, 이왕 놀 거면 이 돈 받고 더 시끄럽게 놀아라."

"와! 그거야 쉽죠."

더 시끄럽게 놀아달라는 당부와 함께 돈까지 받았으니 아이들은 신이 나서 놀았다. 며칠 동안 작가가 돈을 주면 아이들이 뛰노는 상황이 벌어졌다. 그리고 얼마 뒤 작가는 아이들 앞에 빈손으로 나섰다.

"얘들아, 오늘부터는 돈을 줄 수 없단다. 아저씨가 돈이 없구나. 그래도 시끄럽게 놀아주지 않을래?"

"네? 에이, 뭐야."

실망한 아이들은 돈을 받지 않으면 놀아줄 수 없다며 다른 곳으로 가버렸다.

이 이야기는 심리학에서 동기를 설명할 때 자주 인용되곤 하는데, 동기가 얼마나 사람에게 중요한 영향을 미치는지 극명하게 보여주는 사례다.

아이들에게 돈은 외부적으로 주어진 보상, 즉 동기였다. 외적 동기는 자신이 원하는 것을 더 이상 얻지 못하면 잘해야 하는 이유를 갖지 못한다. 만약 아이들이 보상이 아닌 작가의 집 앞에서 노는 일 자체에 의미를 두었다면 돈을 못 받는다 하더라도 꾸준히 놀러 왔을 것이다.

이렇듯 사람의 모든 행동에는 동기가 작용한다. 동기는 내적 동기와 외적 동기로 나뉘는데, 짐작했겠지만 내적 동기는 과업 그 자체에서 만족을 느끼는 것을 말한다. 예를 들어 호기심이나 성취감, 흥미 같은 내면적 욕구에 의해 어떤 행동을 유지하는 경우다. 반면 외적 동기는 외부적인 요인에 의해 만들어진다. 동료를 이겨보고 싶다는 경쟁심이나 과제를 수행할 때 주어지는 상이나 벌 등과 같은 것이다.

어느 쪽이든 행동을 유발하고 방향을 제시하여 유지하게 하는 내적 상태인 것은 동일하다. 하지만 내적인 것인지 외적인 것인지에 따라 지속성에 차이가 생긴다. 돈을 받고 시끄럽게 놀았던 아이들처럼 외적 동기에 의해 행동한다면 동기가 사라졌을 때 더 이상 그 행동을 지속하지 않게 된다. 이런 현상은 학습 동기에도 그대로 적용된다.

학생들을 만나 공부하는 이유를 물어보면 대부분은 외부 요인에 의한 경우가 많다. 예를 들어 '시험을 잘 보면 엄마가 최신형 핸드폰을 사준다고 해서', '선생님께 칭찬 받으려고' 등의 이유로 공부하는 학생들이 적지 않다. 물론 외부 요인이 단기간에 성적을 올려줄 수는 있다. 하지만 보상이 사라지면 작가의 집 앞에서 놀지 않겠다고 선언한 아이들처럼 공부를 안 하게 될 수도 있다. 따라서 언제 샘이 마를지 모르는 외적 동기를 부추기기보다는 학생들에게

행동을 유발하고 방향을 제시하여 유지시켜 주는 내적 상태인 동기에 따라 결과
는 천차만별로 달라진다.

내적 동기를 심어줘야 한다.

가난한 시골에서 나고 자란 나는 10세가 되도록 학교라는 곳을 알지 못했다. 동네 어르신의 권유로 학교에 처음 발을 디뎠지만, 하루 종일 의자에만 앉아 있는 것이 너무 싫어 아침마다 학교에 가지 않겠다고 떼를 쓰곤 했다.

그러던 어느 날 수업 시간에 구구단을 배웠는데, 노랫가락에 맞춰 구구단을 외우다 보니 호기심이라는 심지에 불이 확 붙었다. '이거 재밌는데?' 가락에 맞춰 숫자를 셈하는 과정에서 몰랐던 사실을 알게 되고 나도 모르게 '그래서?', '그다음은?'이라는 질문이 연달아 샘솟았다. 그날 뭔가를 알아간다는 성취감을 맛본 후, 모르는 것을 알고 싶다는 호기심이 평생 나를 따라다녔던 것 같다. 책속 세상이 신기해 호롱불을 피워놓고 공부를 하다가 혼이 나기도 했지만 내면에서 솟구치는 학업 동기는 거세어졌다. 그 후 교육심리학자의 길을 가기까지의 과정은 파란만장했지만 학업에 대한 동기가 흔들린 적은 단 한 번도 없었다. 내적 동기에 따라 선택한 학업이었기 때문이다.

동기는 자생력 학습 프로그램에서 기본 중 기본인 만큼 매우 중요하다. 교육심리학 이론을 보면 학습 동기에 대한 간과할 수 없는 이론이 담겨 있다. 그 핵심을 간략히 말하면, 공부를 할 때 행동을 유발하고 방향을 제시하여 유지시켜주는 내적 상태를 의미하는 동기가 있는가 없는가, 또 그 동기는 어떤 특성을 띠는가에 따라 학습의 결과가 천차만별로 달라진다는 내용이다.

자녀가 책상에 앉아 있어도 도통 공부 능률이 오르지 않는다면 아이의 학습 동기가 내적인지 외적인지 학습자의 상황에 따라 동기를 파악해보자. 아이의 학습 동기를 정확하게 구별할 수 있다면 좋겠지만 사실 애매할 때가 더 많다. 그래서 검사가 필요한 것이다. 아이 스스로도 검사를 통해 자신이 어떤 동기에 의해 움직이고 있는지를 아는 것도 매우 중요하다.

커서 무엇이 되고 싶은지 모르는 아이들

|

연구 센터를 찾은 민재는 일견 평범해 보였다. 교육학자로서 오랜 세월을 살다 보니 아이들의 겉모습은 다들 비슷해 보여도 몇 마디 말을 나눠보면 금세 다른 점을 알 수 있는 감을 터득하게 되었다. 역시나 아이는 평온해 보이는 외견과는 달리 내면 가득 답답함을 품고 있었다.

"제가 뭘 하고 싶은지 모르겠어요."

민재는 얼마 전 수업 시간에 있었던 일을 전하며 얼굴을 붉혔다. 내용인즉슨 친구들과 미래에 하고 싶은 일을 이야기했는데 자신만 아무것도 말하지 못했다는 것이다. 친구들은 피아니스트가 되고 싶고, 컴퓨터 공학자가 되고 싶다며 당당히 말하는데, 자신은 뭘 좋아하는지 뭐가 되고 싶은지 몰라 머릿속이 하얘졌다는 것이다.

여기까지만 들으면 이게 심각한 일인가 의아해할 수 있다. 사람이 자기 자신에 대해 확실히 알고 진로를 정하는 일이 쉽지 않다는 것쯤은 누구나 경험하기 때문이다. 그러나 여기서 중요한 문제점은 아이가 자기 자신에 대해 전혀 알지 못한다는 것이다. 자신이 좋아하는 것이 무엇인지도 인식하지 못하고, 그것을 알아내려는 시도 역시 하지 않는 태도에 주목할 필요가 있었다.

자생력 지수가 낮은 학습자 중 상당수가 동기가 결여되어 있는 경우가 많다. 이때 겉으로 나타나는 문제는 이렇다.

- 공부를 왜 하는지 모르겠다.
- 좋아하는 게 뭔지 모르겠다.
- 커서 되고 싶은 게 없다.
- 이것도 좋고 저것도 좋다.

이런 아이들은 평소 우유부단한 태도를 보인다거나 무기력하고 의지가 없어 보인다. 자신의 행동력을 추진할 동력이 내적으로 흘러나오지 않고 있기 때문이다. 스스로 동기가 없기 때문에 나타나는 현상이다. 이때는 동기를 유발시킬 자극이 필요하다.

사람이 좋은 성과를 내는 경우는 아주 간단하다. 자신이 아는 것보다 더 많은 것을 보고 느끼며 흥미 있는 것을 할 때다. 왜 그럴까? 이때는 다른 때보다 훨씬 더 집중할 수 있기 때문이다.

나이가 어리다고 생각할 기회를 미룰 수는 없다. 자신에 대해 알아보지 않는다면 꿈과 공부를 연관시킬 수 없고, 그러다 보면 공부는 어쩔 수 없이 해야 하는 지겨운 일이 되고 만다.

우리는 민재와 동기에 대한 대화를 나누기 시작했다.

"다른 친구들은 어떻게 피아니스트나 컴퓨터 공학자라는 꿈을 갖게 되었을까?"

"그건 걔들이 피아노도 잘 치고, 게임도 잘하기 때문이에요."

"그럼 너도 잘하는 걸 찾아보면 되겠구나. 네가 뭘 잘하는 것 같니?"

"잘 모르겠어요…."

민재는 자신이 잘하는 것이 무엇인지는 몰라도, 자신이 잘하는 것을 찾고 싶다는 동기에는 관심을 보였다.

학습 동기 이론을 보면, 동기와 학습의 연관 관계에 대해 몇 가지 원리가 나오는데 여기서는 세 가지로 정리해보겠다.

첫째, 학습은 학습자의 의식적 · 의도적 활동이 요구되는 능동적 과정이기에 동기와 밀접한 관계가 있다는 것.

둘째, 아무리 뛰어나고 재능 있는 학생이라도 주의집중과 노력이 필요하다는 것.

마지막으로 학생이 교육으로 최대의 성취를 얻으려면 동기화가 가장 중요하며 동기가 자신에게 의미 있는 것일 때 유발된다는 것.

친구들처럼 장래희망 발표를 잘했으면 좋겠다는 동기도 물론 좋지만, 자신이 잘하는 것을 알고 싶다는 동기도 의미 있는 진전이다. 자생력을 단단히 하는 첫 단추는 동기가 다양한 경로로 발현될 수 있다는 것을 아는 것에서 시작한다.

동기부여로 나를 찾다

|

우리나라 교육의 대표적인 문제점 중 하나를 꼽는다면? 여러 가지가 있겠지만 자생력 공부법을 몇십 년간 연구한 내 입장에서는 부모의 바람이나 강요로 이미 아이의 진로가 정해지는 일일 것이다. 직업을 유산으로 물려주려는 직업의 대물림 현상은 나조차 숨이 막히게 한다. 아직 어린 학습자가 스스로에 대해 생각할 겨를도 없이 미래가 정해지는 것. 이는 자생력과는 상극으로 가는 지름길이다.

연구팀은 아이 스스로 동기화하는 것이 행동의 변화를 일으키고

동기가 발동되면 자율성과 주도성이 생기면서 스스로 하게 되는 유능함을 발
휘한다.

자생력의 뿌리를 단단히 한다는 사실을 확인할 수 있었다. 그러기 위해서는 자신을 잘 파악할 수 있도록 돕는 프로그램이 필요했다. 바로 '동기주도 자생력 프로그램'이다. 이 프로그램은 동기의 본질을 이해하는 것에서 시작하는데, 동기를 이해해야 비로소 동기를 발현할 수 있기 때문이다.

프로그램을 통해 학습자는 자신이 내적 동기와 외적 동기 중 어느 것에 좌우되는지, 어떻게 방향을 바꿔야 하는지 파악할 수 있다. 나아가 학습목표를 알아보며, 실패에 대처하는 방법도 익힐 수 있다.

뭘 하고 싶은지 모르겠다며 부끄러워했던 민재는, 동기의 본질을 이해하는 과정을 거치면서 내적 동기가 매우 중요하다는 사실을 인식하기 시작했다. 특히 실패를 했을 때 그 경험을 어떻게 받아들여야 할지 몰라 했던 아이의 태도가 확연히 달라졌다. "제가 뭘 잘하는지 모르겠어요"라는 마음 깊숙한 곳에는 아이가 그동안 시도했던 일의 실패 경험을 잘못 받아들였던 마음가짐이 숨어 있었다.

민재는 검사 과정에서 그동안의 학업 성취가 성공적이지 않다고 생각하는 원인을 외부 요인으로 돌리는 성향을 보였다. '운이 나빠서', '문제가 너무 어려워서' 등으로 원인을 돌리다 보니 스스로의 의지로 과제를 통제하려는 태도를 보이지 못했던 것이다. 이것을 귀인 이론이라 하는데, 귀인이란 성공과 실패의 원인을 어디에 두느냐를 의미한다.

심리학자 버나드 와이너는 실패의 원인을 능력, 노력, 과제 난이도, 운 네 가지로 나눴다. 예를 들어 실패의 원인을 능력에 둔 아이라면, 자신이 1등을 했거나 놓쳤을 때 아이는 '공부에 소질이 있어서' 또는 '공부 능력이 없어서'라고 생각하기 쉽다. 반면 귀인을 노력에 둔다면 자신의 노력 여하에 성공 또는 실패가 갈리기 때문에 이 경우 내적 동기 발현에 도움이 된다. 귀인을 과제 난이도에 두면, 시험 문제가 어렵게 혹은 쉽게 나왔다는 이유로 시험을 잘 보거나 못 봤다는 이유를 찾을 것이고, 운에 두면 '이번 시험이 하필 어려워서'라며 이유를 댈 것이다.

민재의 경우는, 자신의 실패 경험을 능력과 운 귀인에 두고 있었다. 예를 들어 민재가 수업 시간에 딴짓을 하다 선생님에게 걸린 상황을 이야기하다가 왜 선생님에게 지적받았는지 묻자 재미있는 대답이 나왔다.

"제가 몸치라서요. 하고많은 애들 중에 왜 하필 내가 걸렸는지…."

아이는 속상해하며 귀인을 '몸치'라는 능력과 '왜 하필 내가?'라는 운에 두고 있었다.

능력에 귀인하는 사람은 실패할 때 '난 이것밖에 되지 않는구나' 하면서 좌절한다. 이것은 자신감에도 상당한 영향을 미쳐 실패를 두려워하고 도전에 주춤하게 만든다. 하지만 노력 귀인은 '내 노력이 부족했다. 더 노력하자' 하면서 실패를 이겨내기 때문에 어떤 실패 경험도 가능성으로 바꿔준다.

민재는 자신이 그동안 외부에서 핑곗거리를 찾아와 실패 원인으로 삼았다는 사실을 깨닫는 듯 보였다. 그러면서 통제 불가능한 원인이 아닌 통제 가능한 원인을 찾아보려는 변화를 보이기 시작했다. 서서히 자신이 어떤 사람인지 바라보게 되었을 때, 아이가 답답해했던 '자신이 무엇을 좋아하는지, 어떤 일을 하고 싶은지'를 찾아볼 수 있도록 프로그램을 진행했다.

우리는 MBTI(16가지 성격 유형을 구분하는 검사지로, 가장 보편적으로 사용되고 있는 검사도구)로 아이가 어떤 성향을 갖고 있는지 알아보기로 했다. 검사 결과 ENFP 스파크형으로 나타났다. 스파크형은 말 그대로 생각에 스파크가 일어난다는 뜻이다. 적극적이고 창의적인 성향이 강하여, 풍부한 상상력과 영감으로 새로운 일을 시작한다. 관심이 있는 일에는 열정을 보이고 다른 사람도 잘 도우며 난관에 부딪히면 오히려 자극을 받아 독창적으로 어려움을 해결하는 데 능하다. 또한 사람과의 관계를 맺으며 새로운 가능성을 제시하는 상담자의 역할도 하기에 과학자나 예술가, 광공업이나 교사뿐 아니라 원하는 모든 분야에서 그 능력을 발휘할 수 있다.

MBTI 결과를 보고 민재의 표정이 밝아졌다. 맞는 부분도 있고 그렇지 않은 부분도 있지만 자신의 성격과 성향을 탐구해본 시간에 상당히 의미를 두는 것 같았다. 우리는 결과를 놓고 이야기를 나눴다. 검사 결과에 대해 아이는 어느 정도는 수긍했지만 수긍하지 못하는 부분도 있었다. 중요한 것은 맞고 안 맞고가 아니다. 결과에 대한 학습자의 생각을 이끌어내는 과정이다. 그 과정을 통해 생각이 돌출되기 때문이다.

"어떤 부분이 맞고 반대로 안 맞는 것 같니?"

"문제가 있는 사람을 돕거나 문제가 생겼을 때 빠르게 해결 방법을 찾는다는 부분은 맞는 것 같아요. 그런데 온화하지는 않아요. 또 맨날 즉석에서 해결책을 찾는 건 아니에요."

"그렇구나. 온화하지 않다는 건 무슨 의미일까?"

"온화하다는 건 엄청 착하다는 거잖아요. 돌직구 같은 것 못 날리고요. 그런데 저는 주장할 때는 단호하게 말하거든요."

민재는 확실히 달라졌다. 자신의 성격 유형을 몇 번이나 읽어보고 일치하는 부분을 찾으면 좋아했고, 그렇지 않은 부분은 한 번 더 생각해보기도 했다. 우리는 아이가 궁금해했던 직업 탐색도 이어갔다. 스파크형에게 잘 맞는 직업군을 보여주었는데 무척 흥미로워했다. 직업군을 읽으면서 아이는 처음 들어보는 직업을 물었고 그때마다 자세히 설명을 해주는 식이었다. 한참 동안 직업 탐색 시간을 보내던 아이는 아나운서와 카피라이터에 흥미를 보였다.

하고 싶은 게 없었던 동기가 결여된 사람에서 해보고 싶은 분야를 찾는 적극적인 학습자가 된 것이다.

목표와 실행력으로 자생력 키우기

|

학습자가 동기를 확실히 이해하면 그때는 추진력을 더해주어야 한다. 추진력은 적절한 목표와 실패를 다스리는 힘에 의해 유지된다. 그러려면 학습자가 어떤 목표 유형을 갖고 있는지 살펴봐야 했다.

목표에는 학습목표와 평가목표 두 가지 유형이 있다. 학습목표는 새로운 것을 배우고 싶어 하고 도전을 통해 배움을 익히는 사람들에게 주로 보이는 유형이다. 한편 평가목표는 자신의 능력을 증명해 보이고 얼마나 유능한지 알리고 싶어 하는 사람에게서 주로 나타난다.

먼저 학습자가 어떤 유형인지 다양한 방법을 활용해 알아볼 필요가 있다. 가령 쉬운 퍼즐과 어려운 퍼즐이 있을 때 둘 중 어느 쪽을 선택하는지에 따라 간단히 알아볼 수 있다. 만약 어려운 퍼즐을 골라 한번 실패했다고 하자. 그럼에도 다시 어려운 퍼즐을 골랐다면 학습하려는 성향이 강한 학습목표 유형으로 볼 수 있다. 자신의 능력을 뽐내고 싶어 하는 평가목표 유형은 실패했다면 다시 같은 코스를 고르지 않을 것이다.

동기는 평가목표에서 학습목표로 이끄는 동력이 된다. 이는 자생력이 추구하는 바이기도 하다.

동기 구조를 정확히 이해한다면 변화는 당연히 따라올 것이다. 외적 동기에서 내적 동기로, 평가목표에서 학습목표로, 능력과 운 귀인에서 노력 귀인으로, 이런 구조를 이해하고 자신의 마음을 다스린다면 이는 결국 자생력 강화로 이어질 것이다.

우리와 만난 민재 역시 변화를 주도해나갔다.

학교에서는 지각대장, 수업 시간에는 졸음귀신으로 불리던 민재는 숙제나 과제 외에도 스스로 공부를 하기 시작했고, 좋아하는 아나운서와 카피라이터 분야를 좀 더 연구하게 되었으며 자신의 미래를 계획하는 학생이 되었다. 의도한 바는 아니었으나 성적까지 올랐다.

많은 아이들이 지금도 '앞으로 어떻게 살아야 할지 모르겠다'며 막연한 미래를 두려워할 때 민재는 '내가 할 수 있는 게 어떤 걸까?'를 탐구하며 살아가고 있다. 최근에는 좋아하는 축구를 활용해 E스포츠 콘텐츠를 만들 계획을 세우고 있고, 관심 있는 친구들과 모여 커뮤니티 활동도 시작했다고 한다. 4차 산업혁명 시대에 발맞춘 요즘 세대다운 행보라 생각한다. 이는 분명 자생력이 가져온 효과다.

　기계에는 동기부여의 힘이 없다. 그저 프로그래밍된 내용을 절차에 따라 실행할 뿐이다. 그런데 가끔 학생들을 보면 기계처럼 프로그래밍 된 내용을 별 생각 없이 공부하는 경우가 많다. 공부하는 기계가 된 것이다. 동기부여는 기계와 같은 학습에 생명력을 불어넣는다. 자신이 지금 무엇을 공부하고 왜 공부하는지에 대해 스스로 확신을 갖게 한다. 그것은 결국 삶의 방향까지 결정짓는다. 왜 자생력이 학습에 필요한지 더 이상의 의문은 필요 없을 것이다.

14장

집중을 통해
자생력을 강화하라

갈수록 주의 산만한 아이들이 느는 이유

자생력 연구를 위해 수많은 학습자들을 만나오면서 현 세대에 대해 깨달은 한 가지 중요한 사실이 있다. 최근 들어 유달리 주의가 산만한 아이들이 늘고 있다는 점이다. 현대는 수시로 정보의 흐름에 접속할 수 있는 시대다. 그런 만큼 집중하려면 더 많은 것과 경쟁해야 하는 상황에 놓여 있다. 사람들은 하루 평균 110번 스마트폰을 확인하면서 짧고 빈번한 소통으로 인해 집중력을 흐트러뜨리고 있었다. 실제로 AP 통신에 따르면, 개인의 집중 시간이 1998년에는 12분이었다면, 2008년에는 5분, 2015년에는 8초로 짧아졌다는 충격적인 보고가 있다.

주의 산만함을 활발한 태도로 이해할 수 있다는 의견도 있다. 하지만 주의 산만과 활동적인 행동에는 분명 차이가 있다. '목적이 분명한가', '순간 집중력이 있는가'에 따라 그 여부가 달라진다. 당연히 자생력 지수를 살펴봐도 주의가 산만한 학습자의 지수는 대부분 낮다.

연구팀이 만난 지수도 그랬다. 지수의 첫인상은 활발하고 낙천적인 아이였다. 워낙 성격이 좋아 보여서 대체 무슨 문제가 있을까 의문이 들었지만 자생력 검사를 진행하면서 금세 알아챌 수 있었다. 검사지를 받아든 아이는 꽤 많은 문항을 체크하는 과정 내내 산만한 모습을 보였다. 화장실도 몇 차례 다녀오고 대답하기 곤란한 문항에는 계속 질문을 던지는 식이었다.

들어보니 수업 시간뿐 아니라 혼자 공부할 때도 산만하다고 했다. 수학 공부 중에 영어 숙제가 생각나고 영어 책을 펴들면 다른 과제가 떠올라 일명 과목 옮겨 타기를 하고 있었다.

낙천적이고 활발한 성격에 호기심이 많은 태도는 좋은데 호기심이 조금 과했다. 세상 모든 사람과 사건에 관심을 갖고 있어서 한 가지에 집중하는 일을 굉장히 어려워했다. 과제를 할 때도 주위의 온갖 것에 호기심을 갖고 참견하다 보니 한 시간이면 할 과제를 두세 시간에 걸쳐 하는 등 시간 낭비가 컸다.

현대는 집중하기 위해서 더 많은 것과 경쟁해야 하는 상황에 놓여 있다.

그러다 보니 부모님이나 선생님의 주의도 많이 받았다. 하지만 그때뿐 앞에 앉은 친구가 뭔가를 하면 참견하거나, 갑자기 할 일이 생각났다며 다른 일로 옮겨갈 때가 많았다. 학습성취 역시 좋지 않았다.

실제 주의 산만과 지능지수의 연관성을 연구한 결과가 이를 증명한다. 2005년 킹스칼리지런던대학교의 연구를 보면, 근로자의 주의가 산만한 순간 IQ가 약 10~15점 떨어진다고 한다. 이는 담배를 피울 때 감소하는 지수(7.5점)보다 더 큰 폭으로 떨어지는 수치다.

산만함은 지능지수의 저하뿐 아니라 어떤 결실도 맺지 못하게 하기 때문에 점점 아이의 자신감을 떨어뜨린다. 자신감 하락은 당연히 학습성취의 저하와 직결되기에 자생력 지수가 한없이 낮아진다.

나는 연구를 하면서 의외로 이런 사례가 많다는 사실에 놀라며 이 분야에 대해 꾸준한 연구를 해왔다. 그리고 주의 산만이 문제가 될 경우, 자생력 학습은 조금 더 실제적인 전략으로 접근해야 한다고 생각했다. 주의 산만한 행동은 어떻게 오는가? 학습에 대한 동기적 측면이 없다는 점과도 관련이 있겠지만, 학습에 필요한 인지적 기술이 부족해서 오는 경우도 많다. 따라서 인지적 관점에서 자생력 프로그램을 진행할 때 자생력을 증진하는 효과를 얻을 수 있다.

"우리 아이는 집중력이 좋아요"의 허점

|

공부를 잘하는 아이들을 보면 그럴 만한 이유가 있다. 머리가 좋기도 하고, 노트 필기를 잘하기도 하지만, 무엇보다 눈에 띄는 점은 주의집중력이 상당히 좋다. 다행인 점은 주의집중력이 선천적으로 타고나는 특성이 아니라 반복 훈련을 통해 지속적으로 발달시킬 수 있다는 점이다.

주의가 산만한 경우, 특정 과목만 편식하여 공부하는 경우, 배운 내용에 대한 피드백이 이뤄지지 않는 경우 등은 대부분 학습기술이 부족해서 나타나는 현상인데, '인지주도 자생력 프로그램'으로 이런 문제를 해결할 수 있다.

인지주도 자생력 프로그램은 효과적이고 효율적인 학습을 위한 방법들을 알려주는데, '학습에 있어 집중하고 기억하기', '기억한 것을 활용하는 법' 등이 있다.

지수의 가장 큰 문제는 집중력 부족이기 때문에 '주의집중하기'에 중점을 두고 방법 및 효과에 대해 코칭할 수 있도록 설계했다.

지수를 위한 인지주도 자생력 프로그램은 3단계로 구성했다. 먼저 주의 집중을 할 수 있는 다양한 활동을 알려준 뒤, 집중한 것을 오래 기억할 수 있는 방법을 제시하여 훈련하게 했다. 훈련 뒤에는 기억한 내용을 어떻게 활용할 것인지, 자생력 증진을 가져올 수 있는 방법으로 진행했다.

인지주도 자생력 프로그램 1단계 '주의 집중하기'는 이 프로그램에서 가장 기본이 되고 중요한 만큼 자세히 살펴보겠다.

흔히 부모가 "우리 아이는 집중력이 좋아요"라고 말하는 경우가 있는데, 이때 보통은 아이가 한 가지 행동을 오래 하는 모습만을 보고 그렇게 평가하기 쉽다. 하지만 실제 주의집중력을 측정해보면 다른 결과가 나오는데, 이는 주의 집중의 개념을 잘못 이해하고 있기 때문이다.

시간 투입과 성적은 크게 관계가 없다. 설령 열 시간을 책상 앞에 앉아 있다 해도 다른 일로 소일을 한다면, 세 시간을 앉아서 집중하는 학생에 비해 성적이 뒤처질 수밖에 없다. 요는 얼마나 공부에 주의 집중하고 실제로 시간을 투입하느냐에 달려 있다.

지수의 주의집중력을 측정해봤더니 100점 만점 중에 21점으로 주의집중력 정도가 낮음 수준이었다. '학습에 대한 흥미가 부족하여 학습을 할 때면 평소 관심 없던 사물이나 주변 인물을 궁금해하며 지켜워하는 모습을 보임'이라는 코멘트도 뒤따랐다. 지수에게 결과를 말해주자 아이도 스스로 인정하는 점이어서 그에 대한 해결책을 비교적 쉽게 이야기할 수 있었다.

"학습을 할 때 집중이 잘 안 된다고 했는데 보통 무슨 생각이 자주 드니?"

"특별한 생각은 아니고 그때그때 달라요. 앞에 있는 물건을 보고 해보고 싶은 것이 있으면 공부보다 그것부터 먼저 해보는 식이에요. 또 친구들은 뭐 하고 있을까? TV는 언제 볼 수 있을까? 지겹다 졸립다 그런 생각이 항상 머리 한가득인 것 같아요."

"그런 생각을 할 때 기분은 어때?"

"재밌죠. 하지만 나중에 꼭 후회해요. 할 일을 자꾸 늦게 하게 되니까요."

"그렇지? 집중하면 20분이면 끝날 일인데 자꾸 다른 생각으로 방해를 받으면 한 시간이 걸릴 수 있잖아. 20분 만에 집중해서 끝내고 40분을 마음 편히 쉬면서 할 일을 하는 게 더 효과적이지 않을까?"

지수는 집중력의 중요성을 인식하고 있었다. 나머지 시간에 계획한 일은 집중해서 빨리 끝내고 마음 편히 쉬겠다는 다짐을 했다. 스스로 다짐을 한 지수를 위해 집중력을 높일 수 있는 방법을 알아보고 적용해보았다.

집중력을 더하는 방법으로는 마인드 컨트롤, 잔상 훈련, 시험 상황 만들기, 고정관념 깨기, 꼼꼼해지기, 멀티 사고하기 등을 활용할 수 있다.

오버싱킹을 멈추게 하라

ㅣ

먼저 시도한 것은 마인드 컨트롤이다. 마인드 컨트롤은 한 번쯤 들어봤을 것이다. 큰 대회에 출전하는 선수가 마음을 다잡는 모습을 볼 수 있는데, 세계적인 선수일수록 마인드 컨트롤에 강한 면을 보인다. 아직도 우리 기억 속에 선명히 남아 있는 피겨스케이팅 김연아 선수나 수영의 박태환 선수, 빙판의 여제 이상화 선수 등은 경기를 앞두고 스스로 마인드 컨트롤을 하는 것이 얼마나 중요한지 누누이 이야기하곤 했다. 때로는 음악을 들으며 집중하기도 하고, 스스로에게 각오의 말을 하면서 의지를 다지는 모습을 보였다.

학습에서의 마인드 컨트롤은 스스로 마음가짐을 다잡아 딴생각을 멈추게 한다. 우리는 지수에게 마인드 컨트롤을 알려주면서 딴생각이 들 때 어떻게 하면 멈출 수 있을지 생각해보라고 과제를 주었다. 그러자 다음과 같이 적었다.

1. 그만!
2. 다시 공부에 집중하자.
3. 여기까지 집중해서 끝낸 뒤 놀자.
4. 내 꿈을 이루기 위한 과정이다.
5. 부모님을 생각하자.

6. 그 외 방법(물 마시기, 기지개 켜기, 앉았다 일어나기, 바람 쐬기, 친구와 통화하기)

이 정도로 다양한 방법을 생각해냈다는 것은 지수 스스로도 잘 해보고 싶어 한다는 의지의 표현이다. 이쯤에서 부모나 선생님이 아이가 선택한 방법을 사용하고 스스로 통제해나가도록 약간의 도움을 주면 된다. 가령 친구와 통화하기와 같은 방법은 자칫 시간 배분을 못 할 경우 주객이 전도될 수 있다. 친구가 무엇을 하고 있는지 궁금해하는 지수의 성격상 궁금증이 꼬리에 꼬리를 물거나 통화가 즐거워 통제하지 못하는 상황이 벌어질 수 있기 때문이다. 이러한 조언에 아이는 통화는 간단히 하겠다고 제한을 두었다.

조금 더 실제적인 방법인 잔상 훈련으로 넘어가면서 지수의 산만함을 좀 더 적나라하게 파악할 수 있었다. 잔상 훈련이란 원래 명상을 할 때 어려움을 보완하기 위해 마련된 집중력 향상법으로, 구체적인 물건을 두고 집중을 하는 효과적인 방법이다.

잔상 훈련을 하는 방법에는 고정적 응시법, 시점 이동법, 코끝 응시법 세 가지가 있다. 고정적 응시법은 어떤 물체를 정해놓고 1분 동안 응시하고 눈을 감고 떠올리는 것이다. 시점 이동법은 점에서 점으로 5초 동안 이동하는 것이며, 코끝 응시법은 코끝을 바라보는 행위로 굳이 코끝이 아닌 가까이 있는 사물을 응시해도 괜찮다.

지수는 잔상 훈련을 하면서 다른 친구들에 비해 유독 어려워했다. 예를 들어 고정적 응시법을 시도하면서 15초 정도 응시하게 한 뒤 눈을 감고 떠올려보도록 했다. 보통 집중력이 좋은 경우에는 1분 넘게 응시했던 사물을 쉽게 떠올리는데, 지수는 10초도 안 되어 눈을 뜨고 기억이 나지 않는다고 했다. 시점을 이동하여 응시하는 훈련에서는 더욱 어려워하는 모습을 보였다.

스스로 집중력이 부족하다는 것을 알기에 열심히 하려는 의지는 있었으나 쉽게 포기하는 지수의 모습은 아쉬운 부분이었다. 스스로도 쉽게 포기하는 자신에게 실망하는 듯 보였다. 집중하려고 해도 점점 의지가 약해지면서 딴생각이 들었고, 중간에 "안 돼"라고 소리쳐보기도 했지만 잘되지 않는다며 아쉬워했다. 하지만 지극히 자연스러운 과정이었다.

아이에게 집중하고 있는 대상에 대해 다른 접근을 해보라고 제안했다. 예를 들어 '대상이 어느 정도의 크기인가', '어떤 색인가', '테두리가 있었는가' 등 질문을 던지는 것도 집중을 이어가는 방법이 될 수 있다고 말해주자 지수는 반드시 1분 이상 집중하는 시간을 늘려보겠다고 다짐을 했다. 이 정도도 만족할 만한 발전이라고 생각한다.

집중력을 흩트리는 상황은 늘 존재한다. 단순히 노력과 의지만으로는 나아지는 데 한계가 있다. 지수는 프로그램을 진행하며 한 가지 훈련이 끝날 때마다 새로운 것을 알게 되면서 즐거워했다. 물론 생각대로 잘되지 않아 속상해할 때도 있었지만, 중요한 것은 집중하기 위해 기술과 훈련이 필요하다는 것을 지수가 스스로 깨달았고, 그것을 수용할 열린 마음이 되었다는 사실이다.

실제 상황에서 집중하라

|

"선생님, 이렇게 집중력 훈련을 하는 것도 좋은데 실전에서 멘붕이 오면 어떡하죠?"

지수의 지적은 아주 적절했다. 진정한 집중력은 실전에서 발휘되어야 하기 때문인데 이는 지수가 인지주도 자생력 프로그램의 각 단계를 잘 밟아가고 있다는 증거이기도 했다. 이제는 실제 상황을 만들어 집중력을 높일 수 있는 전략을 훈련해볼 차례였다.

'시험 상황 만들기'는 가장 실제적인 기본 훈련이다. 주의가 산만하고 차분하지 못한 학습자들 대부분이 학습성취도가 낮다. 이유를 물어보면 "문제를 잘못 봤다", "답안을 밀려 썼다", "시험 시간을 잘못 계산했다"라는 대답을 흔히 한다. 그런데 각 원인의 근원을 찾아보면 하나의 이유로 모아진다. 바로 시험 불안이다.

시험 상황 만들기는 시험을 보는 것과 같이 시간제한을 두기 때문에 집중력과 긴장감을 향상시키는 데 효과적이다. 스톱워치 사용하기는 시험 상황 만들기의 대표적 방법이다. 지수에게도 시험 상황을 만들어놓은 뒤 주의 집중 시간을 체크하도록 했다. 10회 정도 실시하여 평균을 계산해보니 아이가 주의 집중하는 시간의 평균치가 나왔다. 자신의 평균 집중 시간을 알게 된 지수는 실제로 시험을 볼 때 어떻게 시간을 분배해야 할지 감을 잡아갔다. 아이에게 스톱워치 사용하기에 대한 소감을 물었다.

"제가 경쟁심이 강해서 원래 시간을 정해서 퍼즐 맞추기나 게임을 하면 빨리 끝내려고 노력하는 편이거든요. 그래서 저에게는 이게 잘 맞는 것 같아요. 공부할 때도 쓸 수 있다는 생각을 왜 못 했는지 모르겠어요."

"그래. 주의력을 높여 학습효과를 높이는 방법은 무척 많은데, 그중에 너에게 맞는 방식을 찾는 게 더 중요해."

"저는 찾은 것 같아요. 근데 어떻게 시간을 설정해야 할지 잘 모르겠어요."

"시간을 설정하려면 분량과 주의 집중 시간을 생각해야 돼. 평소에 문제 10개를 푸는 데 30분이 걸린다면 처음에는 27분으로 시작해서 점차 줄여나가는 거야. 그리고 집중하는 시간도 늘릴 필요가 있겠지. 꾸준히 훈련해서 너의 평균 주의 집중 시간을 늘여가야만 최적의 시간을 설정할 수 있어."

학습과 시험은 늘 어렵고 괴로운 것이라고 생각했던 지수에게 스톱워치는 처음으로 학업이 놀이가 될 수 있다는 점을 인지시켜 주었다.

우리는 더 나아가 집중력을 향상시킬 수 있는 '고정관념 깨기'를 진행했다. 고정관념 깨기는 주의력과 관계가 깊다. 고정관념은 평상시 익숙한 것이기에 주의 깊게 생각하지 않고 넘긴다. 하늘이 파랗다거나 1 더하기 1은 2이라는 것 등 고정관념은 생각의 힘을 떨어뜨린다. 그런데 그냥 넘어갔던 관념을 깨부수고 다르게 생각함으로써 집중력을 더해주는 것이다. "돌다리도 두들겨보고 건너라"라는 속담처럼 확신이 있는 것일수록 주의를 기울이는 태도를 갖고 주의력을 집중시켜야 한다. 사칙연산 게임과 같은 활동은 고정관념 깨기 활동으로 적절하다.

마지막으로 집중력 강화를 위한 활동으로 '꼼꼼해지기' 훈련을 했다. 주의가 산만한 아이들의 경우 열이면 아홉이 꼼꼼하지 않다. 대충대충 보고 설렁설렁 넘어간다. 이런 경우 꼼꼼해지기 활동은 주의력을 더해줄 수 있다.

지수에게 꽤 긴 지문을 주고 글자 찾기 과제를 냈다. 30초 안에 글자 '을'을 찾아보는 것이다. 단순노동과도 같아서 처음에는 쉽게 생각하지만, 30초라는 제한된 시간이 주는 압박감과 의외로 글자가 잘 보이지 않는다는 함정에 빠지기 쉽다. 지수는 이 활동을 하면서 총 20개 중 12개를 찾았다. 지수는 여기서도 "시간이 부족해서 보이는 글자만 체크했다", "글의 가장자리 부분은 잘 보이지 않았다"라면서 원인을 찾았다. 그 이유에 대해 대화를 나눌 필요가 있었다.

평소 꼼꼼한 편인지 묻자 예상대로 약간 덜렁대며 빨리빨리 하는 게 몸에 배어 있다는 대답이 돌아왔다. 이는 아이의 경쟁적인 태도와 관련이 있었다.

하지만 학업에 있어서는 대충 빨리 하는 것보다 정확히 하는 것이 중요하다. 한 번에 끝낼 수 있는 일도 속도에만 신경 쓰다 소홀히 하다 보면 오히려 두 배 이상의 시간과 노력이 들기 때문이다.

이에 주의력 집중 막바지 훈련인 '멀티 사고하기'를 병행하기로 했다. 멀티 사고하기란 여러 가지 사고를 동시에 해서 주의집중력을 높이는 방법으로, 숫자 연결 과제는 멀티 사고하기에서 가장 흔히 쓰이는 방법이다.

지수에게 그림을 주며 숫자를 찾는 활동을 하게 했다. 이 과제를 하는 데 걸리는 시간은 19초 34였다. 중요한 것은 이 일을 하면서 다른 일을 병행하게 했는데 지수는 이 활동으로 여러 일을 동시에 하면 속도가 느려진다는 사실을 알게 되었다. 밥과 TV, 옷과 TV, 숙제와 TV 등을 함께 할 때 집중력과 속도 모두 느려졌던 것이다.

"여러 일을 동시에 하다가 모든 일이 흐지부지될 수도 있어. 하지만 기초를 닦은 후 노력하면 여러 일을 동시에 훌륭히 처리할 수 있는 집중력을 발휘할 수 있을 거야. 아무리 시끄러운 곳에서도 집중할 때 네 목소리를 듣는 것처럼 말야."

주의 산만한 아이였던 지수는 인지주도 자생력 프로그램을 진행하며 집중력을 기를 수 있는 인지 전략을 배웠다. 처음 우리와 만났을 때 조금도 집중하지 못하고 안절부절못했던 지수는 프로그램이 진행되는 동안 이미 효과를 보이고 있었다. 프로그램 중에 실시한 검사 내내 한 번도 자리를 뜨지 않았고 각 활동을 학습과 연결시키려고 노력했다. 무엇보다 자생력 증진 프로그램이 일단락되고 난 뒤의 검사에서 아이의 자생력 지수가 몰라보게 높아졌다. 여기저기 기웃대며 참견하거나 들썩거리는 모습은 찾아볼 수 없었다.

가장 놀라운 변화는 프로그램이 모두 끝나고 난 뒤였다. 학업성적에 불만이 있었던 지수는 집중력을 학습에 적용했고 그로 인해 성적 향상은 물론, 이런 포부를 밝혔다.

"제가 생각해도 제 모습이 대단한 것 같아요. 예전에는 30분만 책상 앞에 앉아 있어도 좀이 쑤셨는데 이제는 세 시간도 끄떡없어졌어요. 반 친구들도 저한테 달라졌다고 비결을 묻는 거예요. 그래서 제가 배운 걸 친구들한테 가르쳐주고 있어요. 사실 이게 친구들한테도 잘될까 싶었는데 신기하게도 되더라구요."

자생력을 갖춘 사람들의 특징을 기억할 것이다. 호기심과 풍부한 상상력, 분명한 동기와 열정적 끈기, 마지막으로 자율성과 자신감이다. 지수는 인지주도 자생력 프로그램을 거치면서 자율성과 자신감을 확연히 키울 수 있었고, 이는 친구들과의 관계에서 리더십으로 발현되고 있었다. 가르쳐주지도 않았는데 아이는 이미 자생력의 또 다른 힘을 마음껏 활용하고 있었던 것이다.

나는 학습을 할 때 가장 중요한 것은 학습자가 학습의 주인이 되는 것이라고 생각한다. 학습의 주인이란, 학습의 모든 과정을 스스로 통제할 수 있음를 말한다. 타인에게 리드당하는 게 아니라 스스로 리드하는 것. 그 바탕에는 자생력이 있음을 잊지 말자.

15장

흥미를 드높여
자생력을 구체화하라

똑똑한 아이, 노력하는 아이

미국 컬럼비아대학교의 캐롤 드웩Carol Dweck 교수는 한 가지 실험을 했다. 뉴욕에 있는 20개 초등학교 5학년 학생들을 대상으로 한 비언어식 지능검사로, 문제 수준은 또래 아이라면 쉽게 풀 수 있는 것이었다.

점수가 나오자 연구팀은 아이들을 두 집단으로 나눠 각각 다른 피드백을 전달했다. 한 집단에는 점수를 알리면서 "넌 참 똑똑하구나"라고 말했고, 다른 집단에는 "참 열심히 했구나"라고 말했다. 그러면서 한 가지 미션을 전달했다. 이제 곧 두 번째 시험을 볼 텐데

진로의 명확성은 학습자가 학습에 임하는 데 있어 흥미를 유발하게 하고, 흥미
는 학습행동을 유발하는 동기로 연결된다.

두 가지 문제 중 하나를 선택하라는 미션이었다. 하나는 전처럼 쉬운 문제이고 다른 하나는 전보다 어려운 문제라고 말하며, 어떤 것을 선택할지 물었다. 결과는 어땠을까?

똑똑하다는 칭찬을 받은 아이들은 대부분 쉬운 문제를 선택했고, 노력에 대한 칭찬을 받은 아이들의 90%는 더 어려운 문제를 선택했다. 결과에 대해 드웩 교수는 이렇게 말했다.

"지능지수 자체를 칭찬받은 아이는 다음에 도전하는 게임에서 자신의 지능을 확인받게 되므로 틀릴 수도 있는 모험을 하려 하지 않았다."

실험은 계속 이어졌다. 이번에는 아이들이 풀기 어려운 수준의 문제를 출제했고 당연히 두 집단의 아이들 모두 풀지 못했다. 그럼에도 두 집단에는 차이가 있었다. 바로 '노력의 정도'였다. 노력을 칭찬받은 아이들은 끝까지 열심히 문제를 푸는 모습을 보였다. 게다가 이런 어려운 문제를 '좋아한다'고까지 말했다. 반면 똑똑하다는 칭찬을 받은 아이들은 쉽게 포기하며 '자신이 똑똑하지 못해서' 문제를 풀지 못했다는 변명을 했다.

실험은 막바지로 흘렀다. 마지막으로 아이들에게 다시 쉬운 문제를 풀게 하자 매우 흥미로운 결과가 나왔다. 노력을 칭찬받은 아이들의 성적이 30% 향상된 것에 비해 똑똑하다고 칭찬받은 아이들의 성적은 20% 하락한 것이다.

동기 학습을 알아보는 실험으로 유명한 이 연구에서 주목해야 할 부분은 '아이들의 성장 동력이 무엇인가?'이다. 결과를 보면 알겠지만, 노력이야말로 아이들의 내적 동기다. 노력에 대한 칭찬은 학습자로 하여금 '과정'에 집중하게 한다. 지속적인 노력이 동기화되면서 스스로 성장하는 자신을 그려보게 만드는 것이다.

앞서 스스로 동기화하는 힘을 키우는 민재의 사례에서 보았듯이 내적 동기가 일어날 때 자생력도 증진될 수 있다. 문제는 이렇게 발현된 동기가 꾸준히 지속되면 좋겠지만 그렇지는 않다는 점이다. 자생력 증진 프로그램이 단계별로 나뉘어 심화 과정으로 이어지는 이유다. 상담을 하면서 만난 태현이도 동기의 심화가 필요한 경우였다.

하루에도 수십 번 꿈이 바뀌는 아이

|

태현이는 특별히 모난 구석도, 특별히 잘하는 것도 없는 학생이었다. 잘하는 과목도 싫어하는 과목도 없었다. 이런 아이의 성향은 학교생활에도 그대로 반영되었다. 성향에 맞는 친구들과 팀을 이루는 일이 없었고, 좋게 말하면 친구들에게 양보를 많이 하는 편이어서 동아리 활동이나 과제 연구를 할 때도 제일 마지막에 남은 것을 차

지하곤 했다. 한마디로 부모가 보기에는 답답한 모습뿐이었다. 문제는 성향의 영향 탓인지 자신의 꿈에 대해서도 확고함이 없었다.

TV에서 인기 드라마를 볼 때는 남자 주인공이 멋있어 보여 연기자를 꿈꾸다가, 메디컬 프로그램을 볼 때는 꿈이 의사로 바뀌었다. 학교에 진로 특강 강사로 프로듀서가 오면 방송국 프로듀서를 꿈꾸다가도 〈고등래퍼〉를 보고는 래퍼가 되겠다고 결심했다.

특별히 뛰어난 점은 없지만 무난한 성적과 활발한 성격을 지닌 태현이. 아이는 무한한 다양성을 지닌 아이일까? 우유부단한 아이일까?

결론부터 말하면 태현이는 우유부단한 쪽에 더 가깝다.

맡은 일을 무난히 하면서 중상위권 성적을 보이고 있다는 이유로 학교생활에 별 문제가 없어 보이지만 아이의 자생력 지수는 낮은 편이었다. 자기 자신에 대한 확신과 믿음이 없으니 우유부단하고, 그 우유부단함이 자생력을 낮추고 있었다.

태현이의 우유부단함은 의지가 부족한 것과는 조금 달랐다. 우리는 태현이의 동기부여 경로가 불분명하다는 점을 주의 깊게 살펴보았다. 하루에도 몇 번씩 왔다 갔다 하는 태현이의 진로. 진로에 대한 확신이 생길 때 비로소 아이의 동기가 강화될 수 있다고 판단했다.

실제로 진로에 대한 명확한 기준은 정말 중요하다. 진로의 명확성은 학습자가 학습에 임하는 데 흥미를 유발하고, 흥미는 학습행동을 유발하는 동기로 연결되기 때문이다.

진로에 대한 불확실성과 불안정한 기준은 현재의 학습을 무난히 유지하는 데는 큰 문제가 없더라도 행동의 지속성을 결정하는 학습동기를 저해할 수 있다. 장기적으로 볼 때 학업에 부정적인 영향을 미칠 수 있기 때문에 적절히 동기를 심화할 수 있게 해주어야 한다.

연구팀은 태현이가 우유부단해진 이유를 아이와 함께 생각해보았다. 누구나 확고한 믿음을 갖고 판단을 내리며 사는 건 아니지만 적어도 자기 기준이 있기에 그에 합당한 행동과 결정을 내리기 마련이다. 만약 그조차 되지 않는다면 적절한 의사결정을 내리는 훈련이 부족했던 건 아닐까 하는 생각이 들었다.

"지금 가장 고민이 되는 건 어떤 거니?"

"꿈이 너무 자주 바뀌는 거요. 되고 싶은 게 많은 건지 귀가 얇은 건지 잘 모르겠어요."

"다른 사람의 이야기를 들으면 그쪽으로 꿈이 바뀐다고 했지? 그 꿈이 왜 좋아 보였니?"

"멋있어 보여서 바뀌기도 하고, 좋아하는 친구가 고민해서 선택한 꿈이라는 말에 저도 모르게 혹하기도 하고 그래요."

"어쨌든 너만의 확실한 기준이 없구나. 그런데 생각해보자. 네 미래를 책임질 일을 선택하는 건데 기준이 너무 왔다 갔다 하는 것 같지 않니? 합리적으로 고민하지 않고 내린 결정이라는 생각이 드는데 네 생각은 어떠니?"

"맞아요. 제가 생각해도 너무 아무렇게나 꿈을 정한 것 같기는 해요."

태현이는 자신의 우유부단한 모습을 인정했다. 고치고 싶어 하기도 했다.

우리는 태현이에게 적절한 의사결정 과정을 거치지 못한 채 진로를 정하고 학습한다면 학습의 지속성이 현저히 떨어질 것이라고 말했다. 결국 학습에 대한 흥미와 동기가 떨어지고 학업성취에도 영향을 줄 것이라고 이야기했다.

우리는 '동기심화주도 자생력 프로그램'을 진행하기로 했다. 태현이가 특히 우유부단한 태도를 보이는 분야와 연결 지어 합리적 의사결정으로 자생력을 증진시키는 방향성을 찾기로 했다.

우유부단한 아이에게 꿈을 심어주는 법

|

자생력 증진 프로그램은 보통 1단계와 2단계로 진행되며 단계가 오를수록 동기는 심화된다. 태현이는 1단계에서 '공부의 이유, 동기의 발현 과정'을 진행하면서 학습의지가 어디서 시작되는지 알

아보았다. 내적 동기의 중요성을 깨달은 태현이는 그동안 자신이 외부 영향에 흔들리고 있었음을 인식했다.

2단계에서는 아이의 동기를 유발하는 진로에 초점을 맞추되 합리적 의사결정 훈련을 거쳐 우유부단함을 수정하기로 했다. 먼저 아이가 자기 자신의 강점과 약점을 파악하고 분류하는 활동을 했다. 누구나 강점과 약점을 확인하는 일은 괴롭다. 아이들도 마찬가지다. 하지만 내가 생각하는 나의 모습과 다른 사람에게 비치는 모습을 확인하며 강점과 약점을 파악해나가는 과정은 자신을 알아가는 기본 과정이다.

태현이는 이 활동으로 자신이 어떤 성향을 지니고 있는지, 어떤 부분에서 강한 면을 보이는지 제대로 인식할 수 있었다. 덧붙여 자신감도 회복하기 시작했다. 이는 이후 진행되는 프로그램의 참여 자세를 보면 알 수 있다. 직업을 알아보는 활동에서 아이의 참여도와 적극성은 훨씬 커졌다.

보통 적성에 따른 직업을 알아보는 검사에는 여러 가지가 있는데, 대표적으로 MBTI와 홀랜드 직업흥미검사가 있다. 태현이는 후자로 검사를 진행했다. 이 검사는 미국의 심리학자 존 홀랜드의 직업적 성격 이론에 근거하여 제작된 진로 및 적성 탐색 검사다. 세계적으로 진로 상담 영역에서 많이 사용되는 검사이기도 하다. 세상에 존재하는 모든 직업을 일의 특성이나 종사자의 성격에 따라

실체형·탐구형·예술형·사회형·기업형·관습형의 여섯 유형으로 구분한다.

검사 결과 태현이는 예술형으로 나왔는데, 예술형은 창의적 아이디어를 내는 것을 좋아하는 성향이다. 꼭 예술가가 되는 것은 아니더라도 창의성을 요구하는 직업에서 강점으로 작용하기 때문에 방송이나 음악, 광고 크리에이터, 건축 분야 등에서 흔히 볼 수 있다.

태현이는 자신이 예술형에 가까운 인재라는 사실에 흥미를 보였고, 그것이 동기부여가 되었는지 적극적으로 상담에 임했다. 아이만의 자생력이 뿌리를 내리기 시작한 것이다.

이 자생력을 증진시키기 위해서 우리는 곧바로 다음 활동으로 들어갔다. 바로 '합리적 의사결정하기' 활동이다. 합리적 의사결정이란 자신이 가고자 하는 방향으로 가기 위해 '선택'은 피할 수 없고, 이때 '합리적 선택'을 하는 의사결정의 과정을 말한다. 우유부단한 태현이가 반드시 거쳐야 할 단계였다.

우리는 태현이에게 최근에 직접 의사결정을 했던 경험이 있는지 물었다. 아이는 우물쭈물하더니 잘 찾아내지 못했다. 뭔가 거창한 것을 생각하는 것 같았다. 우리는 아이에게 의사결정이 사소한 것에서부터 시작한다는 것을 알려주고 싶었다.

"의사결정에는 대통령을 뽑는 일처럼 나라를 위한 거창한 일도 있지만, 반장을 뽑는 일도 너의 의사결정이야. 좀 더 현실적인 것부터 살펴볼까? 내일까지 내야 할 과제가 있는데 게임이 너무 하고 싶어서 갈등할 때 어떤 선택을 할지 정하는 것도 너의 의사결정이야."

"진짜 그렇네요. 잘 몰랐어요."

"그럴 수 있어. 진로를 정하는 것뿐 아니라 일상생활에서도 다양한 의사결정 과정을 거치며 살아야 하기 때문에 합리적으로 의사를 결정하는 방법을 배우는 게 아주 중요하단다."

의사결정의 중요성을 알려준 뒤 다시 한번 자신이 내렸던 의사결정을 떠올려보라고 하자 아이는 가까스로 한 가지를 생각해냈다. 사소한 사안이었지만 자신만의 의사결정을 찾아낸 아이를 칭찬하며 그것이 정말 합리적인 결정이었는지를 살펴보기로 했다. 의사결정이 합리적인지 아닌지를 가늠하는 기준은 다음과 같다.

- 정확한 정보를 수집했는가?
- 또 다른 대안은 없었는가?
- 다른 대안을 선택했을 때 더 나은 결과를 가져올 수 없었는가?

태현이는 자신이 내린 결정이 세 가지 기준에 미치지 못한다는 것을 금세 깨달았다. 자신에게는 더 나은 대안이 있었고, 선택의 결과를 예측하지 않았다는 점에 적잖이 놀라워했다.

우리는 곧바로 태현이의 홀랜드 직업흥미검사 결과를 놓고 합리적 의사결정 활동에 들어갔다. 합리적 의사결정 활동은 정보 수집 → 대안 열거 → 대안 선택 결과 예측 → 선택과 실천 순서로 진행된다.

정보 수집에는 '자신이 희망하는 직업의 정보 수집', '주위에서 바라는 직업의 정보 수집', '직업정보자료에 의한 정보 수집' 등이 있다. 이렇게 수집한 다양한 정보를 바탕으로 가능한 대안을 생각해보는 것이다. 그다음에는 자신의 직업 가치, 흥미, 성격, 적성, 학업성취도, 현실 여건 등에 비추어 대안의 장단점을 검토하고 결과를 짐작해본다. 마지막으로 가장 가능성 높은 직업을 선택해 이를 이루기 위한 목표와 계획을 세우는 것이다.

태현이도 희망 직업을 선택해 합리적 의사결정을 해보는 시간을 가졌다. 예술형에 해당하는 직업을 훑어보며 자신이 관심 있는 분야의 정보를 수집했다. 인터넷 자료를 찾고 그 직종에서 활발히 활동하는 사람을 알아보는 등 적극적으로 조사에 나섰다.

본인이 관심 있지 않더라도 부모님이 한 번쯤 권한 직업도 찾아보며 입체적으로 정보를 모았다. 가령 태현이는 예술형 분야의 직업 정보를 수집하는 동시에 주위 사람(특히 부모님)이 희망하는 직업인 의사에 대한 정보를 수집했다. 그 후 자신이 희망 직업을 했을 때의 상황을 떠올려보고 그 분야의 일과 자신의 성향이 맞는지 안 맞는지를 따져보며 가장 성공 가능성이 높은 직업을 압축할 수 있었다.

마지막으로 태현이는 희망목록표를 작성했다. 그동안 태현이는 우유부단한 성격 탓에 주위 의견에 휩쓸리며 희망하는 직업이 많았다. 희망목록표는 원하는 여러 직업 중에서 자신의 가치관, 흥미, 성격, 재능 등을 고려해 합리적 의사결정 과정을 거쳐 구체적이고 명확한 진로를 생각할 수 있게 해준다. 동기를 심화시키는 합리적 의사결정을 하기에 적절한 활동이다.

"저는 의사도 좋고, 방송국 프로듀서도 되고 싶어요. 노래하는 것도 좋아하니까 가수도 좋아요."

"그럼 희망목록표에 한번 써볼래? 네가 생각하는 일순위 직업부터 차례대로 써보는데, 각 직업에 대해 네가 생각하는 가치관, 흥미 정도, 성격에 잘 맞을지를 10점 만점에 몇 점을 주고 싶은지 쓰는 거야."

그리고 재미있는 결과가 나왔다. 막상 희망목록표를 작성해보니 태현이의 희망 직업 1위와 2위가 근소한 차이를 보인 것이다. 순위가 뒤바뀐 것이다. PD는 35점, 의사는 30점, 가수는 23점이 나왔다. 아이에게 결과에 대해 어떻게 생각하는지 묻자 뒤집힌 결과에 오히려 만족했다.

"지금까지는 그저 막연하게 방송 프로듀서가 멋있다고만 생각했는데, 합리적으로 생각하고 나와 가장 잘 맞는 것을 알고 나니 좀 더 흥미가 생겼어요. 정말 되고 싶어요. 의사는 부모님이 권해서 넣은 건데 생각보다 잘 맞아서 놀랐어요. 의사도 한번 진지하게 생각해볼래요."

합리적 의사결정이 자신의 동기를 얼마나 자극시키는지 깨달은 것이다.

주변의 말에 수시로 꿈이 바뀌던 태현이. 자신의 미래에 우유부단한 태도를 보이던 아이는 자생력 프로그램 이후 달라졌다. 아이는 멋진 청년이 되었다. 프로듀서보다 더 흥미가 생긴 분야를 발견한 뒤 스스로 희망목록표를 작성하고 합리적 의사결정을 해봄으로써 새롭게 흥미를 가진 분야에 멋지게 도전하는 중이다.

자녀에게 동기의 불꽃을 일으키게 하는 것도 중요하지만, 그 불꽃이 꺼지지 않도록 지켜주고 작은 불이 큰 불로 활활 오래 타오를 수 있도록 동기를 심화시키는 것 역시 중요하다. 꿈과 진로는 동기를 오래도록 타오르게 하는 땔감과 같다.

4차 산업혁명 시대는 창의적인 사고, 달리 말하면 자기만의 오리지널리티를 창출하는 인재가 더 각광받는 시대다. 그런 시대에 자생력의 동기심화는 타인과는 다른 나 자신만의 영역을 분명히 만들어 어느 상황에서도 우유부단하거나 흔들림 없이 똑바로 가고자 하는 방향으로 걷게 할 것이다.

16장

몰입을 통해
자생력을 경험하라

무아지경, 몰입의 세상

띠링띠링, 호출기가 울린다.

그 순간 하고 있던 모든 일을 멈추고 준비된 표에 기록을 시작한다. 지금 하고 있는 일은 무엇인지, 그 일을 할 때의 감정 상태는 어떤지 적는 것이다. 그리고 원래 상태로 돌아가 할 일을 하다가 호출기가 울리면 일을 멈추고 다시 기록을 한다. 이것이 어떤 실험인지 짐작이 가는가?

미국의 심리학자 미하이 칙센트미하이 교수와 발달심리학자 리드 라슨 교수가 함께한 몰입 실험이다. 사람이 매 순간 어떤 감정을 느끼는지 알아보는 간단한 실험이지만, 하고 있는 일과 감정의 관계를 살펴볼 수 있다. 실험 결과, 어렵고 가치 있는 일을 하는 순간일수록 감정의 상태가 최고치에 다다른다는 결론을 얻었다. 다시 말해, 어떤 일을 위해 육체와 정신을 한계까지 밀어붙여 몰입할 때 인간이 느낄 수 있는 감정의 최고 순간에 이를 수 있다는 것이다. 이 실험은 몰입을 설명할 때 자주 인용되고 있다.

우리가 사는 세상은 집중을 막는 사회다. 과학기술의 발달로 등장한 SNS가 사람과 정보의 일거수일투족을 공유하도록 만들었고, 빠르게 변화하는 사회 환경은 우리의 정신을 산만하게 한다.

맥킨지 조사 결과에서도 현대 지식 노동자는 업무 시간의 60%를 통신과 인터넷 검색에 쓰고 있다고 밝혔다. 아이디어를 떠올리거나 토론하고 생각에 빠져드는 시간은 매우 적다고 볼 수 있다. 아이들은 더하다. 잠시라도 손에서 스마트폰이 없으면 불안증이 생겨 무엇에 집중하기 어려워한다. 이런 환경 때문에 몰입의 중요성은 점점 더 커지고 있다.

몰입의 효과와 가치는 이미 넘치도록 증명되어 있다. 펜실베이니아대학교 와튼스쿨 교수 애덤 그랜트는 31세에 펜실베이니아대학교 와튼경영대학원에서 최연소로 테뉴어tenure(대학에서 연구 성과와 실적, 강의 평가 따위의 자격을 갖춘 교수에게 주는 종신재직권)를 얻으며 2014년 정교수가 되었을 때 이미 60여 편의 논문을 쓴 것으로 알려져 있다.

어떻게 그 많은 일을 할 수 있었는지 비결을 묻자 그는 주저 없이 몰입을 꼽았다.

그랜트 교수는 가을학기에 강의를 몰아넣고 그 기간에는 오로지 가르치는 일에만 몰입했다. 그리고 봄여름에는 연구에 몰입했는데, 연구 기간에는 학생과 동료에게 연구실을 개방하는 기간과 닫는 기간을 구분했다고 한다. 연구실을 닫아놓는 기간에는 이메일은 자동답신 설정을 해놓고 철저히 고립 상태를 유지하며 연구에만 정신을 쏟았다. 이러한 몰입이 오늘날의 그를 만들었을 것이다.

몰입의 경험이 많을수록, 또 일상화될수록 일의 질은 나아진다는 사실을 나 역시 경험한 바이기에 자생력 프로그램에서 몰입은 반드시 필요한 활동이었다.

4차 산업혁명의 기술로 몰입을 교육에 반영하려는 움직임도 보인다. 『에듀테크』의 저자인 홍정민 휴넷 연구소장은 능력에 비해 너무 높은 도전 과제를 주면 공포를 느끼고, 능력에 비해 너무 낮은 과제를 주면 지루함을 느끼는 사람에게는 지속적 몰입을 위해 능력에 따른 적절한 과제가 필요하다는 칙센트미하이의 말을 빌려 학습의 몰입 기술을 이야기하고 있다. 대표적으로 VR 교육과 게임 러닝이 있다. VR 교육은 주로 과학, 역사, 지리를 중심으로 확산되고 있는데, 구글의 익스피디션 파이오니아와 이온 리얼리티의 가상 실험실 등에서 활용되고 있다.

몰입의 경험이 많을수록, 또 일상화될수록 일의 질은 나아진다.

게임 러닝은 말 그대로 게임을 활용한 교육이다. 게임 속 주인공이 되어 외국인 캐릭터들과 영어로 대화를 하거나, 아이들에게 인성 교육을 할 때 축구를 대입하는 등 게임 요소를 집어넣어 학습자의 학습몰입을 극대화하고 있다.

기술 분야에서 이토록 사용자의 몰입을 추구하는 이유가 무엇일까? 이전에 경험하지 못한 기술에 몰입함으로써 인간으로서 최고의 능력을 끌어올리기 위해서다. 이렇듯 세상은 일면 몰입을 방해하면서도 역설적으로 몰입을 가장 필요로 하고 있다.

아무리 성적이 좋아도 몰입하지 못한다면

|

자생력과 몰입은 깊은 연관이 있다.

감성적 창의성을 발현하기 위해서는 통찰력 있는 생각이 기본 바탕이 되어야 하는데, 통찰력은 딥 싱킹deep thinking, 몰입에서 나올 때가 대부분이다. 몰입을 생활화한 사람들을 보면 자신만의 생각의 시간을 갖고 있었고, 그 시간만큼은 어떤 방해도 받지 않았으며, 그 가운데 창의성이 발현되었다. 어느 순간 "유레카!"를 외치는 것처럼.

진영이는 몰입을 통한 자생력 증진에 확신을 갖게 해준 학습자였다. 처음 만났을 때 '저 아이가 왜 나를 찾아왔을까?' 싶을 정도로 한눈에 보기에도 진영이는 똑 부러지는 아이였다. 화목한 가정의 맏딸로 부모님의 사랑과 기대를 한 몸에 받고 있었다. 더욱 기특한 것은 사교육이 판을 치는 요즘에 학원도 다니지 않고 상위권의 성적을 유지하고 있었고, 교우관계도 좋았다.

여기까지 들으면 대부분의 사람들이 진영이가 왜 센터에 왔을까 싶을 것이다. 나 역시 궁금하여 아이와 대화를 시도해보니 아이에게는 말 못 할 고민이 있었다.

"저는 너무 걱정이 많아요. '잘못되면 어떡하지?' 늘 이런 생각을 하면서 살아요."

"그런 마음을 아무에게도 털어놓지 않았니?"

"네, 거의 모를 거예요."

부모님이나 친한 친구에게 왜 털어놓지 않았느냐고 묻자 다들 자신을 보고 잘한다고 말하고 기대를 걸고 있어서 절대 털어놓을 수 없었단다. 다행히 학습효과를 높일 요량으로 아이의 손을 잡고 찾아온 어머니의 선견지명(?) 덕분에 진영이의 솔직한 속마음을 알게 된 것이다.

우리는 아이가 가장 불안해하는 부분을 찾아보기 위해 대화를 나눴다. 진영이는 예상대로 시험에 대한 불안감을 털어놓았다.

"이번에 시험을 못 보면 어떡하지? 그런 불안한 마음이 제일 커요. 시험 기간이 되면 어떤 문제집을 풀어야 성적을 잘 받을 수 있을까 생각하느라 밤에 잠도 잘 안 와요."

진영이는 아직 일어나지 않은 미래에 대한 걱정으로 지나치게 불안감을 느꼈다. 불안이 아이로 하여금 학습을 짐처럼 여기게 만들었다.

"지금까지 공부에 푹 빠져본 적 있었니?"

"그런 적은 없어요."

걱정과 불안 때문에 문제집을 손에서 놓지 못하는 아이건만 공부에 흥미를 갖지는 못한 것 같았다. 학습에서 몰입을 경험한다는 것은 매우 중요한 일이다. 학습하는 일 자체가 주는 즐거움에 매료되어야 학습에 완전히 빠져들 수 있기 때문이다. 그러나 진영이는 미래에 대한 걱정 때문에 현재의 학습에 몰입하지 못하고 있었다. 이와 같은 패턴은 시간이 흐를수록 심각한 문제로 이어질 수 있다. 따라서 학습에 있어 몰입을 방해하는 미래 혹은 과거에 대한 부정적 생각과 감정을 긍정적 생각과 감정으로 전환하고 현재에 집중할 수 있도록 만들어야 했다.

우리는 진영이에게 인지주도 자생력 프로그램을 진행하면서 그중에서도 '주의 집중하기' 활동으로 인지적 전략을 배우는 데 우선했다. 실제로 아이는 인지주도 활동을 경험하며 그동안 자신이 얼마나 주의 집중을 하지 못했는지 새삼 깨달았다. 그러면서도 언뜻 언뜻 불안을 내보였다.

이에 우리는 진영이에게 주의 집중의 심화 과정인 '몰입주도 자생력 프로그램'을 진행하기로 했다. '과연 몰입으로 불안감이 사라질 수 있을까?' 걱정하는 아이의 모습을 보며, 어떤 상황도 온전히 즐기지 못하는 아이의 절박함을 느낄 수 있었다.

"몰입 훈련이 불안을 덜어줄 수 있을지 의심스럽니?"

"네, 조금 그래요."

"그렇지 않아. 많은 사람들이 여유가 있을 때 마음이 안정된다고 믿는데 그렇지도 않아. 무료하게 시간을 보내는 것보다 일할 때 즐거움을 느낄 수도 있어. 일에는 목표와 일에 대한 피드백 그리고 과제가 있어서 그래. 그 일을 할 때 몰두하고 집중하다 보면 무아지경에 빠져서 최고의 감정을 느낄 수 있거든. 무료하고 심심한 시간을 즐기려면 더 많은 노력이 필요하잖아."

진영이는 자신에게 현재 가장 큰 문제가 학습이라 생각했고, 이에 대한 몰입 활동부터 시작했다. 몰입을 이해하는 과정을 거친 후에, 지금까지 진영이가 경험한 몰입 이야기를 나누었다. 선뜻 몰입 경험을 말하지 못하는 것으로 보아 지금껏 불안감이 아이를 얼마나 괴롭혔는지 짐작할 만했다. 나와 연구팀은 아이가 몰입할 수 있는 환경을 만들고 몰입 경험을 갖기 위한 단계로 들어가 보기로 했다.

쿵푸팬더가 알려준 진정한 몰입의 길

|

몰입력을 높이기 위해 집중한 부분은 'here and now', 즉 현재의 중요성을 깨닫는 과정과 마음 조정하기다.

이를 위해 영화 〈쿵푸팬더〉를 활용했다. 영화는 먹을 것만 보면 흥분하고 전혀 쿵푸를 잘할 것 같지 않은 주인공 포가 자신의 정체성을 발견하고 진정한 영웅으로 탄생하는 과정을 그리고 있다.

"The past is history, the future is a mystery, and this moment is a gift. That is why this moment is called the present."

영화에서 나오는 유명한 대사를 아이에게 보여주고 뜻을 묻자 성적이 우수한 아이답게 문장을 척척 해석해냈다.

"어제는 역사고, 미래는 알 수 없고, 지금 이 순간은 선물이다. 그것이 지금을 현재(=선물)라고 부르는 이유다? 맞나요?"

이번에는 대사가 담고 있는 속뜻을 묻자 아이는 주저하며 답하지 못했다. 이 과정은 '마음 가꾸기' 활동으로 들어가기 위한 예비 관문이었던 터라 우리는 아이에게 충분히 생각할 시간을 준 뒤 뜻을 말해주었다.

"과거는 이미 지나간 것이고 미래는 아직 오지 않아서 예측하기 힘드니 과거를 후회하거나 오지도 않은 미래를 불안해하지 말고 매 순간 일어나는 현상에 집중하라는 뜻이야. 그리고 선물gift은 기쁘고 행복한 것인데 그래서 현재present를 선물present이라고 말하는 거란다."

설명을 듣고 진영이는 지금까지 현재를 즐기지 못했던 자신을 돌아보는 것 같았다.

몰입하지 못하는 이유 중 하나는 현재에서 자유롭지 못해서다. 현재의 자유를 막는 것은 아직 다가오지 않은 미래에 대한 염려나 과도한 계획이다. 미래의 시험이나 상급학교 진학은 현재가 아니다. 현재는 그를 위해 뭔가 노력하고 있는 자세다. 현재에 집중하다 보면 그것이 미래의 현재가 되는 것이다. 현재는 현재일 뿐이다. 그러니 아직 오지 않은 미래, 지나간 과거 때문에 현재라는 선물을 즐기지 못하는 일이 없기를 진영이는 물론 불안해하는 모든 아이들에게 전하고 싶다.

몰입을 통한 자생력 키우기

|

'현재의 중요성을 알고 지금을 즐긴다'의 의미를 깨우치면 마음이 훨씬 가벼워진다. 쓸데없이 과거나 미래에 얽매이지 않아서다.

진영이를 위한 몰입주도 자생력 프로그램에서 가장 치중한 부분은 '마음 조정하기' 활동이다. 마음 조정하기는 기분이 우울할 때나 불안할 때처럼 지금 하는 일에 집중하지 못하고 자신의 마음이 제 멋대로 움직일 때 원하는 대로 마음을 조정해서 'here and now'에 초점을 맞추게 한다.

마음 조정하기는 몰입을 방해하는 생각과 감정을 찾아 몰입을 위한 생각으로 바꾸는 활동이다. 몰입을 방해하는 생각과 감정은 상황에 따라 다르겠으나 대표적으로 열 가지로 정리해보았다.

(1) 한꺼번에 모든 것에 신경 쓰기

(2) 부정문으로 생각하기

(3) 어영부영 예행연습 하기

(4) 최악의 상황 두려워하기

(5) 다른 걱정거리에 매달리기

(6) 무작정 시작하기

(7) 장애물에 초점을 맞추기

(8) 실수 반복하기

(9) 힘들어지면 포기하기

(10) 압박감에 시달리기

진영이는 열거된 열 가지 상황을 보고 마치 자신의 모습을 보는 것 같다며 씁쓸해했다. 우리는 열 가지 부정적 상황을 몰입을 위한

몰입은 문제해결력을 높이면서 결국 스스로 생존하는 힘을 찾을 수 있도록 한다.

상황으로 바꾸는 연습에 들어갔다.

'한꺼번에 모든 것에 신경 쓰기'는 몰입을 방해하는 대표적 원인이다. 많은 아이들이 이 때문에 괴로워하는데, 특히 시험 기간이 되면 머릿속이 폭발한다. 학교에서 내준 과제물도 준비하면서 공부와 교내 대회까지 겹치면 정신이 혼미해진다. 결국 불안함에 세 가지 모두 제대로 하지 못하는 일이 벌어지고 만다.

우리는 진영이와 함께 이 상황을 어떻게 바꿀지 이야기했다. 다행히 아이는 한꺼번에 여러 일을 하지 못한다는 사실을 인정하고 한 번에 하나씩 하는 것으로 바꾸고 싶다고 했다. 스스로 마음 조정하기를 시작한 것이다.

우리는 아이에게 네 가지 상황이 겹친 문제 상황을 제시했다.

"시험을 2주 앞둔 상황으로 시험 직후에 제출할 수행 과제가 있고, 열흘 뒤에는 친구의 생일이 있어. 동아리 활동계획서도 내야 하는데 진영이는 어떤 선택을 해야 할까?"

진영이는 자신이 가장 중요하다고 생각하는 동아리 활동계획서를 시일 내에 제출하는 것을 우선 선택하면서 다른 과제에 대한 불안감을 조율했다. 이로 인해 한 가지 일에 몰입을 이루었다.

'부정문으로 생각하기'에서 진영이는 조금 민감한 반응을 보였다. 지금까지 미래에 대한 불안함 때문에 "시험 못 보면 어쩌지?", "어제 늦잠을 자서 성적이 떨어질지도 몰라"라는 부정적인 말을 자주 했던 아이였기에 자신의 했던 말이 몰입을 방해한다는 데 마음이 상했던 것 같다.

우리는 부정문을 바꿔보는 연습을 해보았다. 어떻게 해야 부정문을 삭제할 수 있을까? 방법은 아예 생각 속에서 부정문을 삭제하는 것이다. 글에서 걱정과 부정적 감정은 제외시키고 긍정적 감정으로 대체하여 작성했다. 물론 쉽지는 않았다. 가령 내일 치를 시험이 다가와 불안했던 진영이는 '내일이 되면 괜찮아질 거야'라는 애매한 표현을 한다거나 '시험이 쉬울 거야' 등의 막연한 기대를 반영했다. 막연한 기대심리로 부정문을 삭제하는 것보다 좀 더 긍정적인 표현이 적절하다고 조언하자 이런 말로 대체했다.

'보고 싶은 TV 프로그램도 참으면서 학습을 하고 있으니 노력한 결과가 있을 거야.'

생각 속에서 부정문을 삭제하는 훈련은 시간을 두고 이어가는 것이 좋다. 긍정적인 생각이 몰입을 강화하기 때문이다.

'어영부영 예행연습 하기'는 어떻게 고칠 수 있을까? 진영이는 자신 역시 이런 경험을 한 적 있다고 했다. 암기할 것이 많은 수행평가에서 계획도 세우지 않고 무작정 외웠는데 낭패를 보았다는 것이다. 외우는 데 투자한 시간은 많았지만 실전에 들어가자 머릿속이 하얗게 변했다며 어영부영하는 태도를 '체계적으로 연습하기'로 바꾸길 희망했다.

"그러면 체계적으로 연습하는 방법에는 어떤 게 있을까?"

"주의 집중을 배우면 좋을 것 같아요. 개념지도 그리기가 있었잖아요. 그 활동을 하다 보니 확실히 집중해서 개념을 외우게 되던데요?"

진영이는 학습자로서 스스로 집중할 수 있는 방법을 제시했고, 그대로 적용해보며 체계적으로 연습하는 방법을 세워나갔다.

이어서 진영이는 '최악의 상황을 두려워하기'가 딱 자신의 상황을 말하는 것 같다며 이를 해결하려는 남다른 의지를 보였다. 최악의 상황을 상상하며 두려워했던 경험이 많았기 때문에 아이는 그것이 얼마나 몰입을 방해하는지 알고 있었던 것이다. 우리는 최악의 상황을 두려워하는 이유를 이야기했다.

"최악의 상황을 두려워하는 게 몰입을 막는다면 최악의 상황을 두려워하지 않으면 몰입할 수 있겠구나. 그러려면 어떻게 해야 할까?"

"그 상황에 대비를 하면 좀 낫지 않을까요?"

"맞았어. 그 상황을 준비하면 될 거야."

진영이가 상상했던 가장 최악의 상황을 묻자, 평소 수학 응용문제에 자신이 없었는데 수학 시험 전날에는 응용문제만 나오면 어쩌나 상상하며 두려워했다고 한다. 시험지를 받아보았을 때 아는 문제가 하나도 없는 극한 상황을 아이는 두려워하는 것 같았다.

진영이는 이런 상황에 대비해 두려움의 감정을 몰입으로 바꾸는 활동을 했다. 가장 자신 없어 하는 수학 응용문제를 평소보다 두 배 넘게 풀어보면서 두려움을 줄여보겠다 다짐한 것이다.

'다른 걱정거리에 매달리기'에 대해서도 의견을 나눴다. 진영이의 걱정거리 중 하나는 미래에 대한 걱정이다. 다가오지도 않은 미래를 막연하게 걱정하느라 현재에 집중하지 못했던 것이다. 이때 '다른 걱정 차단하기'로 방법을 바꾸기로 했다. 미래에 대한 걱정이 찾아오면 과감하게 스위치를 내려 생각을 차단하는 것이다. 이 방법으로 진영이는 미래에 대해 쓸데없이 걱정하는 시간을 많이 줄일 수 있었고, 그 시간을 다른 일에 집중하는 데 쓰는 변화를 보였다.

이외에도 몰입을 방해하는 다른 요소들을 하나하나 적용해보았다. '무작정 시작하기'로 몰입을 방해하기보다는 '전환 시간 갖기'로 바꾸는 시도를 했고, 어떤 일을 진행할 때 장애물이 생기면 장애물에 초점을 맞추기보다는 목표에 초점을 맞춰 몰입을 유도하도록 했다. 실수를 반복하면 '실수를 즉각 고치기' 활동으로 몰입에 도움을 주었다.

'힘들 때마다 포기'하는 것도 몰입을 방해한다. 그런데 이 경우 조심스럽게 접근할 필요가 있다. 포기가 어느 경우에는 필요하기 때문이다. 전혀 불가능해 보이는 일이나 능력의 한계치를 넘어서는 일은 오히려 포기하는 게 더 나을 수도 있다. 하지만 몰입을 방해하는 포기는 '힘들어지면 포기하면 되지'라는 마음이다. 이런 마음은 현실을 도피하게 만든다. 진영이는 적극적인 태도를 보이며 '힘들어도 인내하기'로 바꿨다. 자신이 걱정을 많이 하는 편이라 해도 포기는 절대 하지 않는 성격이라며 자신 있게 인내하겠다는 의지를 보였다.

마지막 몰입 방해꾼은 '압박감에 시달리기'이다. 압박감 역시 진영이를 괴롭히는 문제였다. 성적에 대한 압박감, 기대치에 대한 압박감이 가슴을 짓누를 때마다 진영이는 불안감을 떨칠 수 없었다. 성적을 잘 받아오면 부모님이 무척 즐거워하지만 혹시 성적이 떨어지면 얼마나 실망할까 걱정이 된다고 했다. 당연히 심한 압박감은 공부의 몰입을 방해한다. 우리는 압박감을 떨쳐버릴 방법으로 '상황 즐기기'를 제시했다. 어차피 겪어야 할 일이라면 즐기면서 해보자는 것이다.

"압박감을 떨치고 공부를 즐기려면 어떻게 생각하는 게 좋을까?"

"공부를 하다 보면 몰랐던 것을 알게 될 때 기쁜데, 그런 감정을 느낄 때 공부가 즐거워요."

학습자 스스로 압박감에서 벗어나 몰입할 수 있는 길을 찾은 것이다. 실제로 학습을 통해 모르는 것을 알게 되었을 때 느끼는 희

열은 즐기기의 전략중 하나다.

우리는 몰입을 방해하는 열 가지 상황과 그에 따른 해결 방법을 함께 찾으면서 학습자가 몰입을 통해 자생력을 증진할 수 있도록 했다. 다음은 열 가지 몰입을 방해하는 상황에서 몰입을 통해 자생력을 키울 수 있는 전략을 정리한 것이다. 각 상황에 맞게 적용해도 좋을 것이다.

(1) 한꺼번에 모든 것에 신경 쓰기 → 한 번에 하나씩 주의를 기울이기

(2) 부정문으로 생각하기 → 생각 속에서 부정문 삭제하기

(3) 어영부영 예행연습 하기 → 체계적으로 예행연습 하기

(4) 최악의 상황 두려워하기 → 최악의 상황 대비하기

(5) 다른 걱정거리에 매달리기 → 다른 걱정거리 차단하기

(6) 무작정 시작하기 → 전환 시간 갖기

(7) 장애물에 초점을 맞추기 → 목표에 초점을 맞추기

(8) 실수 반복하기 → 실수를 즉각 수정하기

(9) 힘들어지면 포기하기 → 힘들어도 인내하기

(10) 압박감에 시달리기 → 상황을 즐기기

몰입을 훈련하고 습관을 들이면 몰입이 주는 유익함을 맛볼 수

있다. 진영이는 몰입주도 자생력 프로그램을 진행하면서 미래에 대한 막연한 두려움을 현재에 몰입하는 훈련으로 거의 지울 수 있었다. 현재가 선물이라는 명제를 스스로에게 각인하면서 진영이는 몰라보게 밝아졌다.

제일 놀라운 반전은 자신과 같이 막연한 불안감을 지닌 친구들을 위해 또래 상담자가 되었단 사실이다. 본래 지니고 있던 리더십을 발휘하여 자신만의 분야를 개척하고 타인에게 도움을 주고 있는 것이다. 최근에는 상담심리학에 푹 빠져 관련 분야에 대해 정보를 얻는 데 몰입하고 있다. 이제 진영이에게 몰입은 그다지 어려운 일이 아니다.

지금까지 동기주도, 인지주도, 동기심화에서 몰입주도까지 기본적인 자생력 프로그램을 이야기했다. 여기까지 글을 읽은 분들은 눈치챘겠지만, 자생력 프로그램은 하나의 프로그램을 끝낸다 해서 완성되지 않는다. 앞의 네 가지 프로그램이 유기적으로 연결되어 있다. 학습자는 스스로 하고자 하는 동기가 생겨야 학습에 적극적으로 뛰어들고, 동기를 꾸준히 유지할 수 있으며, 자신을 잊을 정도로 몰입할 수 있다. 그 점을 잊지 말고 전반적인 부분을 관리한다면 아이는 공부하는 척만 하는 '가짜 학습'에서 벗어나 스스로 학습의 주인이 되는 '진짜 학습'에 뛰어들 것이다. 학습성취도는 당연히 뒤따르는 것이다. 나는 그런 경우를 앞에 소개한 연구 사례뿐 아니라 수많은 학습자를 직접 만나면서 확인하고 증명할 수 있었다.

마지막으로 아이에게 필요한 건 학습역량만이 아니다. 아이에게는 기본적인 인지 능력IQ과 함께 타인의 마음을 공감하는 감성 능력EQ, 대인관계를 잘 풀어갈 줄 아는 사회 능력SQ 역시 필요하다. 이에 대해 다음 장에서 소개할 테니, 아이의 전인적 능력을 키워주겠다는 마음으로 읽어주기를 바란다.

17장

다르게 사고해
자생력을 향상하라

기본기가 잡히지 않은 아이들

기본적인 교육이란 읽기, 쓰기, 말하기, 듣기, 생각하기 등 인지적인 부분을 깨우치는 교육을 의미한다. 우리는 학교 교육으로 이런 인지기능의 기본기를 쌓고, 그 위에 다른 능력을 융합하여 시너지 효과를 내는 것이다. 이런 이유로 상식을 벗어난 경우를 두고 "기본적으로 학교 교육을 받았는데 어떻게 그걸 모를 수 있지?"라는 표현을 하는 것이다. 인지기능은 교육의 기본기이며 자생력의 근간이 된다.

문제는 4차 산업혁명과 자생력을 논하는 이 시기에 기본기에 어려움을 겪는 학습자가 상당히 많다는 사실이다. 물론 심각한 문제라고 볼 수는 없지만 발전적인 자생을 방해하기에 충분하다.

구체적인 예를 들면 학습적인 측면에서 어느 한 부분이 유독 떨어지는 경우다. 특정 과목을 심각하게 어려워한다거나 읽기와 말하기 등의 인지적인 부분을 두려워하는 것이다. 우리는 이런 학습자를 위해 '특화 자생력 프로그램'을 설계하여 인지적인 부분을 향상시키는 데 집중했다.

모두가 한목소리로 똑똑하다고 말하는 두 아이가 있었다. 그럼에도 둘 다 한 가지씩 약점이라고 할 수 있는 것이 있었는데, 민영이는 유독 국어 과목에 약했고, 성철이는 발표공포증이 있었다.

민영이의 학습 과정은 별다르지 않았다. 초등학교에 입학하고 받아쓰기는 늘 100점을 받았지만 갈수록 국어 시간에 배우는 내용이 버거워지더니 점차 국어가 어려워졌고 현재는 국어 시험이 거의 공포의 대상이 되었다. 우리나라의 말과 글인데도 이해가 어렵고 내용 파악이 안 되다 보니 핵심 파악은 당연히 할 수 없었다. 학년이 오르면서 읽기 책에 나오는 지문이 길어지자 내용을 파악할 수 없어 곤혹스럽기까지 했다. 다른 과목에서는 좋은 점수를 얻는 반면 국어에서는 형편없는 점수를 받아 전체 평균을 다 깎아 먹고 있으니 답답할 노릇이었고, 공부 자신감도 떨어지는 기분이 든다고 절망스러워했다.

성철이는 특별한 이유 없이 발표를 무서워했다. 집에서는 활발하고 말도 잘하는 아들이건만 수업 시간만 되면 입이 안 떨어진다고 했다. 일어나서 발표를 하거나 토론을 하는 등 자신의 의견을 말해야 할 때는 무척 괴로워했다. 친구들과 있을 때는 말도 잘하고 활발히 소통하는데 유독 발표만 어려워하는지 이유를 알 수 없다고 했다.

두 아이 모두 일상에서는 별 문제 없이 잘 지내고 있지만 특정 분야에서 취약한 모습을 보였다. 스스로도 이유를 모르겠다며 속상해했는데 우리는 이들의 문제가 말과 글에 대한 어려움을 넘어 사고와 깊은 관계를 맺고 있다는 점을 발견할 수 있었다. 아이들의 저하된 자생력을 되살리기 위해서 어떻게 해야 할까?

두 아이 모두 사고력에 근원적인 문제가 있었기 때문에 그 부분에 보완이 필요했다. 특화된 부분의 자생력 프로그램을 설계한 이유도 이 때문이다. 의외로 말과 글, 좀 더 깊이 들어가 사고하는 일에 어려움을 겪는 아이들이 많다. 특별한 문제가 있어서가 아니다. 훈련이 안 되어 있기 때문이다. 그러나 사고력은 자생력과 아주 밀접한 관련이 있고, 사고력에서 융합·창의·리더십이 발휘되기 때문에 간과해서는 안 될 부분이다. 또한 미국의 저명한 발달심리학자 로베르타 골린코프는 싱크탱크 기관 브루킹스연구소Brookings Institution의 캐시 허시-파섹과 함께 쓴 책 『최고의 교육』에서 4차

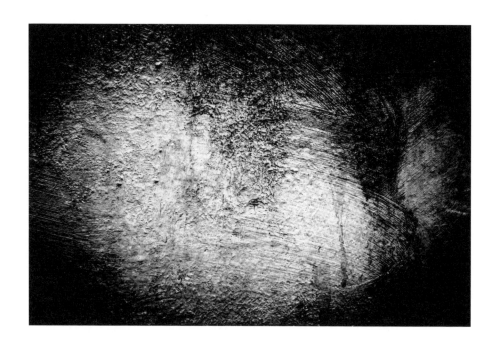

분석적 사고 과정이 합리적 선택과 적극적 사고 능력을 키운다.

산업혁명 시대에 아이들을 성공으로 이끄는 여섯 가지 요소 중에서 '비판적 사고력'을 꼽고 있다. 그의 말을 빌리면, 비판적 사고란 어떠한 사실을 검증하고 자신의 견해를 갖는 것으로 수많은 정보가 폭발하는 빅데이터의 시대에 꼭 필요한 능력이다. 사실이나 의견에 대한 무비판적인 수용은 아이들의 장래를 어둡게 만들 뿐이며, 무엇이 필요한지를 사색하고 어떤 질문에 대한 답이 필요한지를 생각할 수 있는 비판적 사고를 가진 사람이 새로운 시대가 찾는 사람이 될 것이라고 말한다.

이러한 사고력은 지능지수를 향상하는 데 직접적인 연관이 있기 때문에 우리 연구팀에서는 사고력에 관련하여 자생력을 증진시키는 활동을 IQ 자생력 프로그램이라 이름 붙였다.

IQ 자생력 프로그램은 문제를 이해하고 해결하기 위해 학습자의 참여 및 표현 능력을 향상시켜주는 특화된 활동으로 구성되어 있다. 먼저 표현의 기술(발표, 토론 등)을 배워서 효율적으로 문제를 해결하는 방법과 의사소통 능력을 얻게 한다. 특히 사고의 바탕이 되는 읽기 훈련의 경우, 능동적 읽기 활동으로 글을 효과적으로 이해하고 논리적으로 생각을 정리하여 비판적 사고 능력을 기를 수 있다. 이어서 사고를 확장하는 활동을 하고 고정관념을 깰 수 있는 발상의 전환, 나아가 찬반 토론으로 스스로 사고하고 타인과 의견을 나눌 수 있는 사고와 표현에 이르는 활동을 한다.

'읽기'와 '능동적 읽기'의 차이

|

"국어도 공부가 필요한 줄 몰랐어요."

IQ 자생력 프로그램을 진행하면서 민영이에게 국어 공부의 필요성을 이야기하자 아이는 말했다. 워낙 어렸을 때부터 영어 공부를 시작한 민영이는 외국어는 공부해도 모국어인 국어를 공부할 필요가 있는지는 몰랐다는 것이다.

"네 말이 맞아. 국어 공부를 따로 하지 않는 경우가 많아. 그런데 읽기도 쓰기도 기술이 필요하거든. 글의 내용을 잘 파악하려면 글을 효과적으로 읽고 핵심을 찾아내야 하겠지? 그러려면 전략적으로 학습해서 사고력을 기르는 게 중요해."

아이는 효율적이면서 효과적인 국어 공부의 전략을 알고 싶어 했고, 사고력을 키우는 활동에 돌입했다. 사고력은 지능지수와 매우 관계가 깊어서 일련의 과정을 거쳐 발전시켜야 한다. 사고력 활동은 다섯 단계를 거친다.

1단계 표현의 기술 익히기
2단계 읽기
3단계 사고력 찾기
4단계 발상의 전환

5단계 사고와 표현

먼저 표현의 기술부터 익혀보자. 의사 표현은 발표나 토론 활동으로 극대화된다. 발표를 무서워하던 성철이와 이 활동을 진행하려고 하자 마치 발표를 앞둔 사람처럼 긴장하기 시작했다. 당연한 반응이다. 우선 표현의 기술들과 친해질 필요가 있었다. 아는 만큼 공포에서 벗어날 수 있기 때문이다.

우리는 성철이에게 말을 잘하는 것과 발표력이 좋은 것의 다름을 이해시켰다.

"말을 잘한다고 반드시 발표를 잘한다고 볼 수 없어. 발표는 기술을 익혀서 좋아질 수 있고, 이를 연습하는 과정에서 참여의식과 의사 표현 능력을 키울 수 있지."

성철이는 이후 '발표 다가서기' 활동을 하면서 그간 무서워했던 발표에 한 걸음 가까워질 수 있었다. 발표에도 방법과 기술이 있기 때문에 처음에 그 형식을 따라 연습을 하다 보면 어렵지 않게 시도할 수 있다.

의사 표현에는 발표와 함께 토론도 포함된다. 우리나라와 같이 토론 문화에 익숙하지 않은 곳에서는 토론 자체가 어려운 과제일수 있다. 하나의 주제를 두고 서로 다른 의견을 지닌 사람들이 만나 의견을 나누는 것이 토론이다. 그런 만큼 자신의 의견을 설득력 있게 주장하는 것과 상대의 의견을 비판적으로 듣는 것이 중요하다고 성철이에게 인지시켰다. 그리고 토론 기술을 익혀서 효율적인 문제해결 능력과 의사소통 능력을 키울 수 있도록 활동을 이어 갔다.

성철이는 토론의 전반 과정에 대한 설명을 들으며 부끄러워하면서도 극복하려는 의지를 보였다. 초반에 긴장감을 보이기는 했으나 점차 자신감을 찾으며 목소리도 커졌다. 의견을 발표하는 기술, 찬성과 반대 의견을 제시할 때의 말하기 기술, 수정 의견을 제시할 때와 질문 요령의 기술을 제법 잘 활용했다.

예를 들어 의견을 발표할 때는 "~라고 생각합니다. 왜냐하면 ~이기 때문입니다"라는 평이한 문장을 구사하고, 자신의 생각을 상대방에게 제시할 때는 "내 생각은 ~인데 네 생각은 어떠니?"라고 묻거나, 반대 의견을 말할 때는 무조건 반대부터 하지 않고 "좋은 의견이지만 내가 조사한 바로는 ~이다" 혹은 "내 생각은 조금 다른데 ~라고 생각한다"라는 식으로 표현하는 것이다.

확실히 기본적인 표현의 기술을 익히고 실행했을 때 아이는 훨씬 수월하게 말하고 자신의 생각을 곧잘 표현했다. 닫혔던 입이 열리자 동시에 사고의 세계도 열렸고 생각에 대한 표현도 훨씬 자유로워졌다.

표현의 기술로 말과 사고의 소통이 자유로워졌을 때 2단계 읽기 활동에 들어갔다. 이 활동은 국어에 유난히 취약했던 민영이에게 집중한 부분이기도 하다.

국어 학습을 할 때 제일 먼저 '읽기'를 하는 이유가 있다. 읽기는 사고의 시작 단계이기 때문이다. 국어에 취약했던 민영이에게도 기본기가 필요했다. 그런데 글자 자체를 기계적으로 읽는 것으로 끝나면 어떤 발전도 일어나지 않는다. 생각할 장치로서의 읽기가 필요하다.

그동안 읽기는 많이 해봤다는 민영이에게 '능동적 읽기'를 제안했다. 능동적 읽기란 단순히 글자만 읽는 것이 아니라 글의 내용과 의미를 전체적으로 파악하여 읽는 것을 말한다. 따라서 글을 읽을 때 끊임없이 생각하고 질문하고 상상해야 한다. 이러한 과정이 이어지면 글의 내용을 보다 효과적으로 이해할 수 있으며 논리적 사고를 할 수 있다. 능동적으로 글을 읽을 때는 아래의 조건을 떠올리며 읽어야 한다.

- 이 책은 어떤 종류의 책인가요?
- 목차를 보면서 전체 흐름을 파악해보세요.
- 책 전체 내용을 하나의 문장으로 만들어볼까요?
- 이 책의 주제는 무엇인가요?
- 이 책의 중요 단어를 모두 찾고 의미를 말해보세요.

• 이 책의 저자가 주장하는 바는 무엇인가요?

우리는 책 한 권을 민영이에게 주며 평상시처럼 읽어보라고 했고, 아이는 빠른 속도로 읽어나가기 시작했다. 쉴 새 없이 눈을 움직이며 활자를 따라갔는데, 다 읽고 난 뒤 어떤 종류의 책이었는지, 책의 주제는 무엇인지, 주장하는 바가 무엇인지를 묻자 아이는 명쾌히 답하지 못했다.

이번에는 다른 책을 주고 능동적 책 읽기의 조건을 제시했다. 꽤 까다로운 조건이 붙은 셈이다. 아이는 어려워하는 표정으로 책을 집어 들더니 읽기 시작했다. 처음보다 훨씬 속도가 느려졌지만 중간중간 뭔가 생각하는 모습을 보였다.

과연 두 가지 읽기의 차이가 있었을까?

당연히 있었다. 능동적 읽기로 책을 읽고 난 뒤 주제와 중심 단어, 저자의 의도 등을 물었을 때 민영이는 처음과는 다른 대답을 했다. 확실히 주제를 표현하는 문장이 명확해졌고 글쓴이의 의도를 잘 파악하고 있었다. 아이 역시 평소 빠르게 읽기만 했지 내용을 파악하며 읽지 않았는데, 능동적 읽기를 해보니 이해가 훨씬 쉬웠다며 신기해했다.

"읽었다고 끝난 게 아니겠지? 이제는 생각을 정리하고 나누는 것까지 해야 해. 그동안 독후감을 많이 써봤을 텐데 이 글을 쓰다 보면 구체적이고 논리적인 방법으로 생각을 정리할 수 있어."

생각을 정리하며 글을 쓰는 과정에서는 내용을 단순 정리하는 게 아니라 인상 깊었던 장면을 떠올리며 글을 쓰도록 했다. 가장 인상 깊은 장면을 중심으로 글을 전개하면 글쓰기가 어렵지 않고 사고의 깊이가 깊어진다.

'생각 정리하기' 활동을 마치면 '생각 나누기'로 마무리를 해야 한다. 학습자가 글을 읽고 어떤 생각과 느낌을 갖게 되었는지 생각을 나누는 것이다. 가장 인상 깊었던 부분은 어디인지, 그 이유가 무엇인지 써보고, 자신이 어떤 면에서 더 노력해야 하는지 점검하는 시간을 갖는다.

이 활동으로 우리는 학습자가 관심 있는 분야의 읽기 활동을 할 때 더 효과적으로 동기부여 된다는 사실을 파악할 수 있었다. 흥미가 있으면 긴 글이더라도 포기하지 않고 끝까지 읽었기 때문이다. 평소 긴 글을 읽지 못한 이유는 동기와 인내가 부족한 까닭이다. 그러므로 관심 있는 글을 선택해서 동기를 부여하고 능동적 읽기로 생각을 나누는 활동을 하다 보면 이해 능력을 보완할 수 있을 것이다.

다르게 사고하라

|

'분석적 사고'는 능동적 읽기로 사고를 연 뒤에 이어지는 활동이다. 사물의 특징을 비교 분석해 다양한 관점에서 사고하게끔 돕고, 경직된 사고의 틀에서 벗어나게 해준다. 이는 분석적 사고 과정이 합리적 선택과 적극적 사고 능력을 키우기 때문이다.

분석적 사고를 위해 계획한 것은 '좋은 점 불편한 점' 활동이다. 한 가지 사물을 두 가지 측면에서 바라보는 것인데, 컴퓨터 모니터를 예로 들어보겠다. 모니터의 핵심 특징이 무엇인지 써보고, 그 특징 덕분에 좋은 점과 특징을 없앴을 때 불편한 점은 무엇인지 생각해본다.

우선 민영이는 모니터의 특징을 '컴퓨터의 화면을 보여준다'고 적었다. 그 특징 덕분에 좋은 점은 무엇인지, 특징을 없앤다면 무엇이 불편한지 생각해보기로 했다. 잠시 생각한 아이는 이렇게 대답했다.

"좋은 점은 글이나 그림, 영상 같은 화면을 볼 수 있다는 거예요. 그런데 만약 보여주는 기능이 사라지면 소리만 들리니까 무척 답답할 것 같아요."

처음 이 활동을 한다고 했을 때 부담스러워했던 아이는 이내 좋은 점과 불편한 점을 생각하는 일에 관심을 기울이기 시작했다. 나

중에는 오히려 재미있다며 제품군에서 나아가 아이가 처한 상황의 좋은 점과 불편한 점을 비교하면서 사고 활동을 확장시켜나갔다.

우리는 학습자에게 창의성은 자신을 알리는 데 큰 역할을 한다고 알려주며, 다양한 아이디어를 낼 수 있는 활동을 제안했다. '가게 이름 짓기' 활동이 그것이다. 평범한 가게 이름 짓기가 아닌 다른 사람과 차별화된 방식으로 자신을 표현할 수 있도록 하는 활동으로 유추, 집중력, 창의적 사고를 향상시킬 수 있다.

"가게 종류는 수없이 많은데 그중에서 네가 짓고 싶은 가게 이름을 지으면 돼."

"민영이네 김밥 이런 건 안 되는 거죠?"

"아이디어가 돋보이는 이름은 아니라고 생각해. 가게 이름을 들었을 때 한 번쯤 생각하게 만든다거나 '아하!' 할 수 있는 재미있는 이름이면 좋을 것 같다."

아이는 자신만의 재미있는 가게 이름을 짓기 시작했다.

- 복떡방
- 버르장머리
- 배추랑 양파랑
- 엽기 우동
- 초딩김밥

아이디어가 돋보이는 작명이었다고 생각한다. 민영이는 가게 이름 짓기 활동으로 자신만의 생각을 쏟아내며 재미와 흥미를 보였다. 학교나 병원 등의 이름을 짓는 일도 척척 해냈다. 국어를 어려워하면서 자신감과 사고를 통한 자생력도 떨어져가던 민영이의 사고 체계는 점점 넓어졌다.

4단계 발상의 전환에서 여러 아이디어를 낼 수 있는 또 다른 활동으로 '창의적 글쓰기'가 있다. 우리는 또 다른 학습자인 성철이에게 창의적 글쓰기 활동 중 하나인 '나도 작가가 될 수 있어요' 활동을 진행했다. 단순한 글쓰기가 아닌 자유롭게 상상의 나래를 펼치며 자신만의 이야기를 구성하도록 이끄는 활동이다.

먼저 이야기 구성 능력을 키우기 위해 끝말잇기를 진행했다. 비교적 쉬운 끝말잇기를 한 뒤, 여기서 한 걸음 더 나아가 단어들을 사용해 글쓰기를 시도했다. 성철이는 '과자 → 자두 → 두루미 → 미나리 → 리본 → 본드 → 드래곤'으로 끝말잇기를 한 후에 이야기를 만들었다.

'어제 본 만화에는 머리에 리본을 맨 두루미가 나온다. 두루미는 한 손에 과자를 든 채 친구들과 놀기 위해 집 밖으로 나왔다.'

성철이는 평소 재미있어하던 끝말잇기 활동과 그 단어로 이야기를 만들면서 이렇게 쉬운 이야기라면 사람들 앞에 서서 자신 있게 말할 수 있을 것 같다고 했다.

아이의 동기부여가 일어난 것이다. 우리는 이것을 계기로 1단계 표현의 기술 활동으로 돌아가 재진행했다. 자생력 프로그램을 처음부터 순서대로 할 필요는 없다. 언제든 필요한 상황으로 돌아가 시작하면 되는데, 성철이는 발표 기술을 익히는 것으로 시작했지만 민영이는 거의 마지막 단계에서 발표 기술을 익혔다. 결과는 대만족이었다. 작은 성공의 경험이 자신감을 키우면서 성철이는 발표와 토론의 기술로 생각을 조리 있게 말하는 연습을 하면서 자신감 넘치는 사람이 되었다. 하지만 이게 끝이 아니다. IQ 자생력 프로그램은 마지막 단계에서 빛났다.

어떻게 사고력을 높일 수 있을까?

|

IQ 자생력 프로그램의 마지막 단계는 활동을 통해 넓혀진 사고를 발표와 토론의 장으로 옮기는 것이다. 이 단계가 되면 사고를 말로 표현하는 활동을 마친 상태여서 토론 활동에 대한 거부감도 해소된 상태라 할 수 있다.

토론 학습을 하는 이유는 학생들로 하여금 공동의 문제의식을 갖도록 자극하고, 문제의 확인을 도와 정확히 탐구할 수 있는 사고력을 키우며 문제해결 방법에 도달하게 하기 위해서다. 또한 학습자 스스로 사고하는 능력과 의사 표현력을 길러주며 타인의 의견을 존중하고 관대하게 받아들이는 민주적 태도를 향상시킬 수 있다.

두 아이에게 찬반토론 활동을 제시했을 때 두 사람 모두 큰 거부감을 보이지 않았던 것도 이전 활동에서 어느 정도 사고하고 표현하는 능력이 향상되었기 때문이었다. 특히 발표에 공포심을 갖던 성철이는 찬반토론에 큰 관심을 보였다. 자신이 가장 취약하게 생각했던 부분이었기에 바꾸고 싶었던 것 같다.

'방학 숙제가 필요한가?'를 찬반토론 주제로 정한 뒤 성철이에게 찬성과 반대 중 편한 쪽을 선택하라고 했다. 아이는 잠깐 생각할 시간을 갖더니 찬성측을 택했다. 자연스럽게 연구팀원인 내가 반대 입장이 되어 찬반토론을 시작했다.

방학 숙제가 필요하다고 주장한 성철이는 찬성 의견을 발표했다. 그에 대한 근거도 자신이 생각하는 바를 논리적으로 말했다.

"저는 방학 숙제가 필요하다고 생각합니다. 왜냐하면 방학 기간은 학교에 나가지 않기 때문에 수업으로 배우지 못합니다. 그러면 그 시간에 놀 텐데 숙제마저 없다면 방학 내내 놀기만 할 것 같기 때문입니다."

이에 내가 반대 의견을 제시하자 아이는 조목조목 반박하며 우리나라 교육 제도까지 꼬집는 등 열심히 사고하고 토론하는 모습을 보였다. 중간중간 주장하려는 내용을 표현하는 데 서툰 모습을 보였지만, 평가 없이 자발적으로 할 수 있는 방학 숙제를 내주는 쪽으로 의견을 모았을 때 만족스러운 표정이었다. 토론을 끝낸 뒤 혼자서 발표하는 것과는 달리 찬반으로 나눈 토론이 훨씬 마음이 편했다고 평가했다.

 토론 교육을 한 뒤에는 평가가 뒷받침되어야 한다. 자신의 토론 기술을 객관적 방법으로 평가하고 개선책을 찾는 '나의 토론 기술은?' 활동을 이어갔다. 이때 '잘했다', '못했다'로 평가해서는 안 된다. 검사를 거쳐 자신의 토론 기술을 확인하고 평가한 뒤 적용해야 한다. 다음은 토론 기술을 평가하는 열 가지 항목이다. 항목별로 0~3점으로 점수를 적어 평가하면 된다.

- 논제가 잘 선정되었는가?
- 시작과 전개 정리 과정에 따라 진행되었는가?
- 사회자의 진행 태도는 올바른가?
- 찬성측 입장의 전개는 어떠한가?
- 반대측 입장의 전개는 어떠한가?
- 그에 따른 적절한 질문과 답변을 했는가?
- 모든 토론자의 참여도는 어떠했나?
- 상대방의 의견을 잘 들어주었나?

- 자신이 주장하는 의견에 대한 충분한 이유와 근거를 제시했나?
- 결론을 잘 마무리지었는가?

성철이의 평가 결과는 30점 만점에 16점이었다. 그리 높은 점수는 아니었지만 자신이 어느 부분에서 부족했는지 확인할 수 있어서 만족스러운 눈치였다.

성철이는 그동안 사람들 앞에 나서서 이야기하거나 발표에 어려움을 겪었지만, 다양한 사고 활동과 토론 및 표현 활동을 진행하면서 점차 목소리도 커지고 자신감도 부쩍 늘어 있었다. 쉬운 내용을 토대로 이야기를 지어보고 친숙한 대상 앞에서 말하는 연습을 해보더니 '이렇게 쉬운 내용이면 앞에 나가서 발표해도 어렵지 않겠다'는 자신감을 보였고, 찬반토론은 혼자 발표하는 것이 아니라 상대방과 함께하는 활동이어서 발표에 대해 부담감을 덜 수 있었다.

성적만을 위한 교육은 오래가지 않는다. 그런 교육은 결국 빈틈이 생길 수밖에 없다. 전반적으로 우수하다고 평가받아온 민영이와 성철이가 그 대표적 예다. 이런 빈틈은 처음에는 사소하지만 사고력을 떨어트리고, 결국 자생력의 힘을 꺾고 만다. 통합적인 교육, 전인적인 교육, 다시 말해 자생력을 키우는 교육만이 학교에서뿐

아니라 사회생활, 나아가 미래 시대를 관통하는 역량이 되어줄 것
이다.

18장

정서지능을 키워
자생력을 깊게 하라

EQ 시대, 감성이 메마른 아이들

감성지수 EQ는 상대방의 감정을 이해하거나 자신의 감정을 바람직한 방향으로 통제할 수 있는 능력을 말한다. 상황의 변화를 인식하고 대처 방안을 찾으려고 하며, 다양한 감정을 억제할 수 있고, 갈등 상황에서 상대방의 감정에 공감하려는 태도라 할 수 있다.

세계미래학회World Future Society는, 오늘날 우리의 삶을 규정하는 것들이 미래에는 어떤 영향력을 갖게 될지를 연구하는 학자들의 모임으로 매년 보고서를 만들어 미래를 예측하고 있다. 미래를 연구하는 만큼 4차 산업혁명 관련 연구가 활발한데, 이 보고서에 따르면 앞으로의 세계에서 EQ의 필요성이 대두되고 있다. 앞으로 미래 세계에서는 습득한 지식 혹은 지식을 습득하는 능력은 감소할 것이며, 감성지수가 개인의 성공은 물론, 기업과 사회 경제에 영향력을 미칠 것이라고 밝혔다.

2018년 세계경제포럼에서 발표한 내용도 다를 바 없다. 포럼은 미래 경쟁력을 갖추기 위해 필요한 능력 '2022 능력 전망'을 내놓았는데 이를 살펴보면 대부분 EQ와 관련된 능력이다.

- 분석적 사고와 혁신
- 능동적 학습과 학습 전략
- 창의성, 독창성, 추진력
- 기술 디자인과 프로그래밍
- 비판적 사고와 분석
- 복잡 문제 해결 능력
- 리더십과 사회적 영향력
- 감성지능
- 추론, 문제 해결과 추상화
- 시스템 분석과 평가

이 결과는 4차 산업혁명 시대를 맞아 EQ가 더욱 필요하다는 사실을 방증한다. 사람과 기계의 공존이라는 과업 앞에서 EQ야말로 인간다움을 제대로 발현할 수 있는 감성을 나타내는 지표이기 때문이다.

그러나 최근의 사회 분위기를 보면, 전혀 감성적이지 못하다. 기계와 함께하는 시간이 많아지고, SNS로 대화를 나누며 사람과 감정을 나눌 기회를 잃다 보니 미래를 이끌어야 할 아이들 세대가 어른보다 더 감정 표현에 메말라 있다. 『평생유치원』을 쓴 MIT 미디어랩 미첼 레스닉 교수는 감성이 발달해야 할 아이들이 점차 메말라가는 이유 중 하나로 점점 조기교육 훈련소가 되어가는 유치원의 교육 문화를 꼽았다. 유치원의 창시자 프리드리히 프뢰벨이 처음 독일에 유치원을 열었을 때의 교육은 놀이탐구 시간에 가까웠다. 당시의 교육은 지식을 전달하는 강의형 교육이었는데 이는 아동을 대상으로 적합하지 않은 방식이었다. 이에 교감형 교육 모델로 바꾸고 아이들에게 장난감과 공작 도구를 주며 다양한 물건과 교감할 수 있게 했다. 하지만 이런 교육 방식이 경쟁 사회가 가속화되면서 점점 일반 학교처럼 시험과 경쟁이 주를 이루게 된 것이다. 교감과 감성을 도외시하는 교육은 단순히 감정 결핍을 넘어서 창의성까지 영향을 준다고 그는 지적한다. 미첼 레스닉, 『평생유치원』 다산북스, 2018, 45~51쪽 연구팀과 만난 영수와 민선이는 성향도 생활 패턴도 다르지만 한 가지 공통점이 있었다. 감정 표현이 매우 서툴렀다.

민선이는 학교에서 최상위권 성적을 유지하는 여학생으로 의사를 꿈꿨다. 조용한 성격이라 평소 혼자 책 읽기를 좋아했고, 워낙 성실해서 선생님이 내준 숙제를 단 한 번도 미룬 적이 없으며, 친구들과도 싸우는 일이 없었다. 집에서도 모범생이었다. 부모님 말씀에 순종하는 것은 물론 여동생과도 거의 다투지 않았다. 겉으로 보기에 민선이는 공부 잘하고 학교생활도 인간관계도 괜찮은 착한 아이였다.

하지만 민선이는 감정 표현을 거의 하지 않았다. 친구들이 재미있는 행동을 해도, 웃긴 말을 해도 잘 웃지 않았다. 동생이 자신의 일기장에 낙서를 해도 화내지 않았다. 이 아이에게는 감정이 없는 것일까?

정확히 말하면 민선이가 기쁘거나 화나는 감정을 느끼지 못하는 건 아니었다. 느낄 수는 있으나 자제하는 것이다. 얼굴이 빨개지기 때문에 웃겨도 웃지 않고 화가 나도 화내지 않는 것이다. 처음에 부모님과 선생님은 민선이의 모습을 보고 의젓하고 어른스럽다고 생각했다. 그런데 이상한 낌새를 느낀 건 민선이의 글을 보면서다.

책 읽기를 좋아하는 아이였기에 내심 기대를 안고 글을 읽었는데 민선이의 독후감은 느낀 점이나 감정이 표현되어 있지 않고 객

사람과 기계의 공존이라는 과업 앞에서 EQ야말로 인간다움을 제대로 발현할 수 있는 감성을 나타내는 지표이다.

관적인 사실만을 나열해놓은 기사였다. 글에서마저 감정을 드러내지 않다니, 부모님과 선생님은 그제야 아이의 감정 표현에 문제가 있다는 사실을 인식했다.

영수의 경우는 조금 다르다. 영수는 민선이와 반대로 극단적인 감정 표현 때문에 우려되었던 아이다. 영수는 컴퓨터 게임을 좋아했는데 좋아하는 정도가 조금 지나쳤다. 게임을 시작하면 몇 시간이나 의자에 앉아 있었다.

그러다 컴퓨터가 갑자기 멈추거나 동생이 게임을 방해하는 상황이 오면 감정을 폭발시켰다. 무작정 소리를 지르며 화를 내는데, 주변에 잡히는 대로 물건을 집어던지기도 했다. 이런 모습은 학교에서도 그대로 나타났다. 수업 시간에 태도나 자세를 지적받으면 아이는 분노를 참지 못했다. 똑바로 앉으라는 지적을 받으면 "다른 애들은 혼내지 않으면서 왜 나만 미워해요!"라고 소리치며 학용품을 집어 던지고 화를 냈다. 또래 친구들은 그런 영수를 무서워했다.

그럼에도 영수의 학교 성적은 좋은 편이었다. 집중해서 공부를 한다는 말인데, 하지만 시험 문제를 풀 때 욱하는 성격이 나타나곤 했다. 성격 때문에 종종 성급하게 문제를 풀어서 실수로 틀리는 경우가 많았다.

못마땅한 상황이 오면 감정을 조절하지 못해 갑자기 소리를 지르고 물건을 던지는 과잉행동으로 이어지는 영수, 민선이에 비해 영수의 문제는 좀 더 확실해 보였다.

두 아이에게는 정확히 어떤 문제가 있는 걸까?

공부도 잘하고 학교나 집에서 별다른 문제를 일으키지 않는 민선이는 정서와 감정을 표현해야 할 상황에서 반응을 하지 않았다. 감정을 절제하는 것이 의젓하고 어른스러워 보일 수는 있다. 하지만 자신의 기쁨이나 슬픔의 감정을 제대로 표현하지 않는다면 또래 친구들과 진심 어린 관계를 유지하기 어렵다.

장기적으로 볼 때 학업도 부정적인 영향을 미친다. 교육은 끊임없이 정서와 감정을 표현하고 교류하며 성장하게끔 되어 있기 때문이다. 이런 환경에 적응하지 못하면 당연히 학업 성취도도 떨어질 것이다. 이는 곧 자생력의 저하와 직결된다.

영수의 경우는 게임에 발휘한 고도의 집중력이 수업 시간에도 적용되어 성적에 좋은 영향을 미쳤지만, 한번 화가 나면 주체할 수 없는 행동을 벌였다. 물론 화가 날 때 자신의 상태를 적절히 표현하는 것은 정서적으로 건강한 아이가 할 수 있는 행동이다. 하지만 전후 상황을 따져보지 않고 자신을 미워해서 혼을 낸다는 식의 비합리적 사고로 화를 낸다면 대인관계를 형성하는 데 장애가 될 뿐이다.

책을 읽거나 공부를 할 때도 영수의 충동적인 성향은 꼼꼼히 내용을 살피기보다 성급하게 다가서게 할 확률이 크다. 특히 학년이

올라갈수록 학교생활은 모둠 형태로 진행되는 일이 많은데, 자신의 감정만 앞세우다가 교우관계에 부정적인 영향을 미치면 학업에도 안 좋은 영향을 끼칠 수 있다. 이는 아무리 타고난 집중력을 갖고 있다 하더라도 할 수 없는 일이다. 더군다나 친구들이 이미 영수를 무서워하고 있다는 점은 영수 스스로에게 부정적인 자아 개념을 형성하게 만들고 결국 낮은 자존감으로 이어질 수 있다. 영수와 민선이와 같은 사례가 특별한 경우라고 생각하는가? 그렇지 않다. 실제 학업 성적의 저하와 같은 눈에 보이는 문제 때문에 교육 상담을 받기도 하지만, 감정적 컨트롤에 문제가 있어서 상담을 받는 경우가 훨씬 많다. 두 아이의 이야기는 정서와 감정이 학업에 미치는 영향, 나아가 한 사람의 자존감에 얼마나 큰 영향을 미치는지 보여주는 사례가 될 것이다.

실패 다스리기를 통한 EQ 향상

|

"당신의 EQ는 어느 정도입니까?"

4차 산업혁명 시대의 도래와 함께 이 질문은 매우 중요해졌다.

인간의 정신을 둘로 나누면 생각하는 정신과 느끼는 정신으로 구분할 수 있다. 생각하는 정신이 인지적 활동에 관여해 논리적 판단이나 분석에 주로 쓰인다면, 느끼는 정신은 동기나 충동, 기분 등 마음에 관여한다.

두 가지 정신이 성공에 미치는 영향력을 살펴보았는데, 약 20% 만이 지적 능력에 좌우되고 나머지는 EQ 등 다른 요소에 좌우되었다. 이는 정서를 인식하고, 표현하고, 주도하는 능력이 매우 중요하다는 것을 증명한다.

민선이와 영수는 그 가능성의 세계를 위협받고 있었다. 어디서부터 단추가 잘못 끼워졌는지 찾아보는 동시에 EQ를 회복해 자생력을 강화할 필요가 있었다.

두 아이의 EQ를 증진하기 위해서는 먼저 동기주도 자생력 프로그램으로 동기를 증진시켜야 한다. 느끼는 정신은 동기에 관여하는 활동으로 동기를 유발시켜 EQ를 자극하도록 돕는다. 동기를 유발시킨 후에는 두 번째 단계인 직접적인 EQ 향상을 시도하면 효과가 배가된다.

두 아이에게 동기주도 자생력 프로그램을 적용하자 둘 다 외적 동기가 작용하고 있었다. 민선이의 경우, 학업 성적은 좋지만 그것은 우연일 뿐이라고 생각했고, 외모에 대한 자신감 부족으로 감정을 표현하지 않고 있었다. 한마디로 외부적인 환경에 실패의 원인을 두고 있어 동기가 유발되지 않는 경우였다.

영수도 비슷했다. 아이의 주된 문제점은 화가 날 때 분노를 조절하지 못하고 곧바로 소리를 지르거나 주변의 물건을 집어 던지는 행동이었다. 이런 행동은 대체로 주변 사람들의 반응을 왜곡해서 해석하는 경우에 주로 나타난다.

영수에게 화가 나는 이유를 묻자 가장 좋아하는 컴퓨터 게임을 하다가 고장이 나면 참을 수 없이 화가 난다고 했다. 화풀이의 대상은 동생이었다. 그동안 별 문제 없었는데 동생이 있을 때 고장이 났으니 동생의 잘못이라 확신하고 물건을 집어 던지며 분노를 표현한 것이다. 물론 동생이 없을 때 컴퓨터가 고장이 날 때도 있는데 그때는 엄마가 일부러 고장을 낸다고 생각하고 있었다. 사실에 근거하지 않은 확증이다. 이번에는 다른 경우를 물었다.

"수업 시간에 화를 냈던 건 왜 그렇니? 선생님이 조용히 하라고 지적할 수 있잖아."

"선생님이 저를 싫어해서 그런 거예요."

영수는 실패의 원인을 왜곡해서 해석하고 있었다. 우리는 두 아이에게 동기주도 자생력 프로그램의 하나인 '실패 다스리기' 활동을 진행했다.

앞서 설명한 귀인 이론을 기억할 것이다. 심리학자 버나드 와이너의 이론으로 실패의 원인을 능력, 노력, 과제 난이도, 운으로 나누고 있다.

실패 다스리기 활동 결과, 영수와 민선이는 귀인을 외부적인 원인으로 돌리고 있었다. 타고난 외모(빨개지는 피부색), 어쩌다가 시험을 잘 본 것(과제 난이도), 엄마나 동생 탓, 괜히 나를 싫어하는 선생님 등 자신이 통제할 수 없는 것에 두고 있었다. 학습자 스스로 통제 가능한, 변화 가능한 원인이 아니기에 동기가 발현되기 어려웠던 것이다.

두 아이에게 실패의 원인을 다시 찾고 실패를 어떻게 다스릴지 프로그램을 진행했다. 영수는 자신이 왜곡된 사실을 믿고 있었다는 것을 서서히 인식하며 남 탓을 멈추고 자신의 내부적 문제를 들여다보기 시작했다. 민선이는 얼굴이 붉어지는 것이 자기뿐 아니라 거의 모든 경우에 나타나는 일이며 매우 자연스러운 현상이란 사실을 인지했다.

두 아이 모두 실패 다스리기 중심의 동기주도 자생력 프로그램을 진행하며 내적 동기에 의한 학습행동의 필요성을 인지하기 시작한 것이다. 이제 EQ를 향상시킬 수 있는 기반이 마련된 셈이다.

정서지능 향상 프로젝트

|

EQ가 지닌 긍정적 요소는 이미 널리 알려진 바다. 긍정심리학자 마틴 셀리그만은 EQ가 발달할수록 학업성취에 유의미한 영향을

미친다는 연구 결과를 발표했다. 4세 아이들 중 충동 통제력이 높다고 분류된 아동과 그렇지 않은 아동을 대상으로 추적 조사를 해보니, 고등학생이 되었을 때 충동 통제력이 높은 아이들은 사회 적응을 잘하고 성적도 우수했다고 한다. 정서를 적절히 전환시키면 자생력의 강력한 기반이 될 수 있음을 보여주는 연구다.

EQ 자생력 증진 프로그램은 자신의 정서를 적절하게 인식하고 표현하는 것뿐 아니라 분노와 같은 정서를 통제하고 주도하는 것을 포함한다. 일반적으로 자신의 감정을 주도할 줄 모르는 사람은 문제도 성급히 지나가는 경우가 많다. 따라서 분노를 조절하고 긍정적인 정서를 촉진하기 위한 자생력 프로그램이 중요하다고 할 수 있다.

EQ 자생력 프로그램은 '정서 이해하기' → '정서 인식하기' → '정서 표현하기' 과정으로 구성되어 있다. 기본적인 감정을 드러내는 것조차 어려워하는 민선이의 경우는 정서를 이해하고 인식하고 표현하는 부분에 조금 더 치중하여 EQ의 기본적인 부분을 자극했다. 영수의 경우는 욱하는 감정, 특히 분노를 이성적으로 주도하고 정서를 어떤 식으로 촉진시킬지에 중점을 두었다.

우선 민선이의 경우를 소개하겠다. 정서 이해하기 → 정서 인식하기 → 정서 표현하기로 이어지는 활동은 감정 표현이 서툰 민선이에게는 무척 어색한 시간이었다. 초반에 정서를 이해하는 과정은 잘 넘겼지만, 실전인 정서를 이해하기 위한 활동 '나의 별칭 짓기', '나의 감정 알아보기'에는 소극적인 태도를 보였다. 하지만 활동을 거부하거나 중도 포기하지 않은 것으로 봐서 계속할 의지가 있어 보였다.

나의 별칭 짓기 활동은 거울을 보고 여러 표정을 지은 후 평소 자신이 가장 잘 짓는 표정이나 잘 어울린다고 생각하는 표정을 골라 별칭을 지어주는 행위로, 자신의 정서를 가장 잘 이해할 수 있게 해주는 활동이다.

민선이에게 손거울을 주면서 다양한 표정을 지어보자고 했을 때, 아이는 아무것도 하지 않고 그저 가만히 있었다. 이내 활동지에 그려진 표정을 보고 어떤 표정인 것 같은지 말해보라고 하자 겨우 입을 열었다.

입을 뗀 아이에게 활동지에 나온 표정들을 보이며 자신에게 가장 어울리는 표정의 그림을 하나만 오려서 붙이고 별칭을 지어볼 것을 요구하자, 아이는 잠시 고민하더니 하나를 골랐다. 아이는 가장 냉담해 보이는 표정을 고르고 '무심이'라는 별칭을 붙여주었다. 이유를 묻자 그저 어울리는 표정이 없어서 골랐는데 친구들 앞에서 함께 웃고 싶지 않기 때문에 그 표정을 고르게 되었다고 대답했다. 친구들 앞에서 자신의 감정을 숨기고 싶어 하는 마음을 간접적으로 표현하고 있었다.

우리는 별칭 짓기 활동으로 민선이가 다양한 표정을 짓는 것 자체에 거부감이 있다는 사실을 깨달았다. 하지만 이어지는 활동에서, 다양한 표정을 제대로 설명하는 것으로 봐서 타인의 정서를 제대로 인식하고 있다는 사실을 알 수 있었다. 웃긴 상황에서 웃기다는 것을 알지만 표현하는 데는 소극적인 것이다.

활동을 진행하면서 우리는 민선이가 표현에 소극적인 이유가 '얼굴이 빨개진다'는 점과 관련 있다는 것을 확인했고, 이를 매우 수치스럽게 생각하기에 얼굴색이 변하지 않도록 가능한한 무심하게 있었다는 사실을 파악했다. 비록 민선이가 다양한 표정을 지어 보이지는 않았지만 세상에는 다양한 감정이 있고 평소에 잘 짓는 표정으로 별칭을 지어보면서 본인을 객관적으로 바라보는 계기가 되었다.

정서를 이해하는 단계를 지나 정서를 인식하는 단계에서는 자신의 감정을 좀 더 구체적으로 알 수 있다. 이때 할 수 있는 활동은 자주 사용하는 단어와 사용하지 않는 단어를 분류해서 평소 자신의 감정을 인식하는 것이다. 언어야말로 정서를 대변하기 때문이다.

민선이에게 감정 나무를 주고 자주 사용하는 단어와 사용하지 않는 단어를 골라 분류해보라고 했다. 민선이가 자주 사용하는 단어는 대체로 부정적인 정서를 나타내는 단어였다.

- 부끄러워.
- 짜증 나.
- 불쌍해.
- 비참해.

자주 사용하지 않는 단어를 보면 대체로 긍정적 정서를 나타내는 '행복하다', '신난다', '만족한다'라는 단어가 많았다. 민선이는 부정적인 정서를 더 많이 인식하고 있었다. 이제 아이의 속마음을 알아볼 차례였다.

"네가 앞으로 계속 갖고 싶은 감정 단어와 버리고 싶은 감정 단어를 나눠볼래?"

결과는 예상대로였다. 갖고 싶은 단어는 아이가 잘 쓰지 않던 긍정적 단어였다. 버리고 싶은 단어는 평소에 자주 쓰던 부정적 단어였다. 아이는 스스로 행복해지고 기뻐하고 싶은 소망을 품고 있었던 것이다.

민선이는 자신이 어째서 아이러니한 감정 상태와 소망을 갖게 되었는지 궁금해했다. 조금 더 아이의 정서를 객관적으로 들여다보기 위해 '나의 행복지수' 활동을 진행했다. 행복지수를 그려보기 전에 민선이가 유치원 전부터 초등학교 4학년까지 각 시기별로 생각나는 경험을 적어보게 했다.

아이는 초등학교 1학년까지는 다른 아이들처럼 긍정적 경험도 있고 즐거움과 행복함을 느꼈다. 그러나 초등학교 2학년에서 3학년까지의 시기에는 별다른 기억이 없다고 했다. 4학년 때는 특히 최악이었는데, 친구들이 홍당무라고 놀렸기 때문이란다. 그 부정적인 기억을 가장 또렷이 기억하고 있었다. 당연히 부정적인 정서가 형성된 것도 이 시기로 예상된다.

실제 민선이에게 시기별로 막대그래프를 이용해 정서 상태를 그려보라고 하자 초등학교 1학년 때까지는 본인이 생각해도 행복했지만 홍당무라고 놀림 받기 시작할 때는 마이너스를 그렸다.

행복지수 그래프로 민선이는 과거에 겪었던 일과 그때의 감정 경험을 간접적으로 알 수 있었다. 특히 지금 자기 자신을 부정적이라고 인식하는 민선이는, 예전에 행복했던 경험을 떠올리면서 본인이 처음부터 그렇게 부정적이지는 않았다는 사실을 깨달았다. 이런 과정은 부모 입장에서도 아이가 감정 표현을 하지 않게 된 이유를 탐색하는 계기가 된다.

지금까지 민선이가 감정 표현을 하지 않게 된 원인을 살펴보았다면, 이제는 정서를 올바로 표현하는 활동이 필요했다. 여기에는 '가면으로 표현하기'와 '몸짓으로 표현하기' 두 가지 활동이 있다. 민선이와는 몸짓으로 표현하기를 진행했다.

몸짓으로 표현하기는 기쁠 때, 슬플 때, 화날 때, 설렐 때 자신이 대체로 어떤 동작을 취하는지 알아보며 다양한 감정 표현을 경험하게 하고, 신체에 어떠한 반응이 오는지 탐색할 수 있게 한다.

'기쁠 때, 슬플 때, 화날 때 나는 어떤 동작을 하나요?'

상황에 맞는 동작을 취한 후 사진을 찍어 오려 붙여서 정서에서 오는 동작의 변화를 써보게 했다. 나와 함께 '기쁠 때' 사진을 찍은 민선이는 신체적 변화에 대해 '얼굴이 빨개진다', '기분이 좋아진다', '몸이 가벼워지는 것 같다', '자신감이 생긴다' 등의 변화 요소를 적었다. 이런 식으로 다양한 감정을 직접 동작으로 표현하고 변화를 적어보면서 민선이는 감정을 적극적으로 표현하기 시작했다.

눈에 띄는 점은 감정에 따른 신체 변화에 '얼굴이 빨개진다'고 적은 것이다. 빨개지는 얼굴을 핸디캡으로 생각했던 민선이가 감정과 얼굴색의 변화는 자연스러운 일이라는 것을 스스로 깨달은 것이다.

툭하면 화내는 아이를 바꾼 정서 주도

|

민선이의 경우에서 보았듯 정서를 알고 이해하고 인식하는 과정만으로도 EQ 자생력은 상승할 수 있다. 하지만 욱하는 감정을 다스리지 못하는 영수의 경우는, 부정적 정서를 스스로 주도할 수 있

는 훈련을 해서 자생력을 더 증진시켜야 했다. 그래서 EQ 자생력 프로그램 중 '정서 주도'와 '정서 촉진' 활동에 중점을 두었다.

우선 아이가 지닌 분노의 수준을 점검했다. 결과는 30점 만점에 27점, 상당히 높은 점수가 나왔다. '분노 수준 점검하기'는 검사지에 쓰인 10개의 문항에 그 정도를 표시하는데, 주로 화를 낼 때의 감정 상태나 화를 내는 강도, 지속 시간 등을 체크한다. 점수가 나오면 분노 온도계로 표시하여 시각적으로 본인의 분노 정도를 알 수 있다.

영수의 분노 온도계는 당연히 거의 끝까지 채워져 있었다. 아이는 분노 수준을 점검하고는 자신의 모습과 매우 비슷하다며 신기해하면서도 막상 온도계가 끝까지 채워지자 부끄러워했다.

이어서 정서를 주도하기 위한 과정으로 들어갔다. 정서를 주도하기 위해 선택한 활동은 영수를 힘들게 하는 분노의 원인을 알아보는 것이었다. 아이가 잘못 생각하고 있는 부분을 수정하는 시간이기도 했다.

우리는 분노의 원인을 찾기 위해 '나를 화나게 하는 것', '최근 한 달 동안 가장 화났던 일', '왜 그렇게 화가 났는지'를 쓰게 했다. 그리고 '화가 났을 때 어떤 행동을 했는가?', '화를 내고 난 다음 마음은 어땠는가?' '주변 사람들이 내가 화난 모습을 보고 어떤 반응을 보였는가?'를 적게 했다.

'엄마, 선생님, 동생, 제멋대로 재부팅되는 컴퓨터.'

이것이 영수를 가장 화나게 하는 것들이었다. 최근 한 달 동안 가장 화났던 일은 수업 시간에 선생님께 "똑바로 앉아라"라고 지적받은 일이었다. 이 일에 왜 화가 났을까? 다른 친구들 앞에서 창피하게 자신만 지적했기 때문이라고 썼다.

화가 났을 때 아이는 어떤 행동을 했을까? 영수는 공격적으로 반응했다고 적었다. 화를 내게 한 선생님에게 왜 자신만 미워하는지 따지고 책상 위의 물건을 집어 던졌다. 선생님은 자신의 질문에 "성장기에 자세가 나쁘면 척추에 무리가 가니까 지적했다"라고 답해주었다고 한다. 한바탕 폭풍이 지나간 뒤 친구들은 영수가 화내는 모습을 보고 무서워하는 눈빛으로 자신을 쳐다보았다고 적었다.

적어놓은 글을 읽은 뒤 아이에게 물었다.

"선생님이 지적한 이유를 말씀하셨잖아. 그것에 대해 어떤 생각이 드니?"

"죄송한 마음이 들긴 했는데 죄송하다고 하면 친구들 앞에서 더 창피할 것 같은 생각이 들었어요."

친구들 앞에서 자신만 지적을 받았기 때문에 화가 났고, 혼이 난 이유에 수긍하면서도 친구들 앞이라 인정할 수 없었다는 반응을 통해 영수는 생각보다 타인의 시선을 의식하는 아이라는 사실을 알 수 있었다.

우리는 분노의 원인을 파악한 뒤 '분노 다스리기' 활동으로 이어 갔다. 이것은 마음과 생각을 다스려 분노를 잠재우는 방법을 배우고 습관화해주는 활동이다. 영수에게 가장 최근에 경험한 선생님에게 지적받고 화를 냈던 일을 떠올리고 마음을 다스려보라고 제안했다.

그 상황이 다시 일어났을 때 어떻게 마음을 다스릴 수 있을지 묻자, 아이는 세 가지를 생각해냈다. 아무리 화가 나도 수업 시간에 교실을 나가는 행동은 하지 말아야 할것 같다며 차라리 선생님의 시선을 피할 것이라고 말했다. 그 외에도 심호흡과 '괜찮다'고 말하기, 명상하기 등의 의견을 내놓았다. 한 걸음 나아가 세 가지를 함께 하면 더 좋을 것 같다고 했다.

분노 다스리기에 이어 '생각 다스리기' 활동으로 넘어갔다. 생각 다스리기는 화를 내기 전 단계로 돌아갔을 때를 상상하며 어떻게 바꾸고 싶은지 생각하는 것이다.

영수는 선생님께 지적받은 시간으로 돌아간다면 행동과 말을 고치고 싶다고 했다. 자신을 지적한 선생님을 향해 화를 내기보다 죄송하다고 말하고 싶고, 게임을 하다가 컴퓨터가 갑자기 꺼졌을 때 엄마나 동생을 무조건 의심하기보다 "컴퓨터가 자꾸 꺼져요. AS를 받아야겠어요"라고 말하고 싶다고 답했다.

분노 다스리기는 화가 난 마음을 평온한 상태로 진정시키는 효과가 있고, 생각 다스리기는 화가 났을 때 자신의 상태를 돌아보고 화가 난 상황을 조리 있게 정리해 진정 효과를 준다.

EQ 자생력 증진 프로그램의 최종 목적은 정서 이해를 통해 정서를 주도하고 정서를 촉진시켜 정서를 올바로 활용할 수 있게 하는 데 있다. 정서를 촉진시켜 활용할 수 있게 하려면 학습자에게 긍정적인 정서를 불어넣고 도전 의식을 갖게 해야 한다. EQ 자생력 프로그램의 마지막 단계인 '책임감 증진하기', '도전 의식 갖기'가 그 일환이다.

책임감 증진하기는 학교에서, 가정에서, 친구들 사이에서 각각 어떤 역할을 맡고 어떤 임무가 요구되는지 파악하여 책임감을 증진시키는 활동이다. 영수 역시 이 활동을 진행했다. 가족과 친구 사이에서 불편한 존재, 두려운 존재였던 영수는 이를 통해 본인 스스로 책임감 있는 역할자이며 감정을 잘 다스려야 한다는 것을 깨달았다.

"저는 친구들에게 더 이상 무서운 모습을 보이고 싶지 않아요. 전에는 쉬는 시간마다 친구들과 어울리지 않고 책상 위에 그냥 엎드려 있었어요. 애들이 저를 무서워하는 것 같아서요. 그런데 이제는 먼저 다가가고, 화도 내지 않고, 화가 나도 심호흡 다섯 번 하고 화를 가라앉힐 거예요. 그리고 앞으로는 컴퓨터 게임도 하루 한 시간씩만 계획을 세워서 할래요. 좋은 오빠, 좋은 아들이 되고 싶어요. 한 시간만 하면 동생과 놀 시간이 생길 거예요."

이러한 변화의 조짐을 도전 의식 갖기로 이어가보았다. 도전 의식 갖기는 본인에게 도전할 만하다고 느끼는 것을 정리해보는 활동이다. 설령 그 도전이 현재는 인기 없고 가능성이 그다지 보이지 않더라도 상관없다.

컴퓨터 게임을 좋아하는 영수는 그저 게임을 좋아하는 아이에서 도전 의식 갖기 활동으로 컴퓨터 게임을 만드는 과정을 더 세분화하여 생각하기 시작했다. 컴퓨터 게임 시나리오 작가에 도전하고 싶다는 말도 했다. 이유를 묻자 꽤 구체적인 답을 내놓았다.

"무작정 하는 게임보다 스토리가 있는 게임이 더 재미있거든요. 이겼다고 무조건 레벨업되기보다는 스토리에 의해 진행되면 게임하는 맛이 생기니까요. 그래서 컴퓨터 게임 시나리오 작가에 도전하고 싶어요."

영수는 도전 의식 갖기로 스스로 좋아하는 게임과 관련된 일을 하면서도 남들에게 상대적으로 덜 알려진 일을 찾았다는 것에 흥미로워했다. 아이는 여러 활동을 하면서 빌 게이츠의 일화를 담은 책을 읽었는데 아마도 남들보다 빨리 예측하고 행동으로 옮긴 빌 게이츠의 실행력이 그를 성공으로 이끌었다는 이야기를 자신에게도 적용한 것 같았다.

영수는 EQ 자생력 프로그램으로 변화되었다. 마지막 정서 촉진 활동에서 자신의 별칭을 바꿔보는 시간을 가졌을 때 확실히 알 수 있었다. '별칭 바꾸기'는 EQ 자생력 프로그램을 시작할 때 진행한 '나의 별칭 만들기'의 최종 점검이다.

영수는 처음에 자신의 감정 스티커를 고를 때 화난 표정을 고르더니 '성난이'라 이름을 붙였다. 그런데 정서를 주도하게 되면서 웃는 표정의 스티커를 골라 '활짝이'라고 별칭을 바꾸었다. 스스로의 다짐이기도 했는데 영수의 마지막 말이 인상 깊었다.

"앞으로 화를 내기보다는 활짝 웃을 거예요. 더 이상 친구들이 무서워하지 않는 사람이 될래요."

영수나 민선이 모두 EQ 자생력 프로그램으로 몰라보게 바뀌었다. 자신의 정서를 들여다보면서 다른 사람의 감정도 인식하게 되었고, 관계에 정서가 미치는 영향이 얼마나 큰지 알았다. 또한 정서 지능으로 상대방에게 공감하고 소속된 집단 속에서 책임감을 느끼며, 새로운 도전 의식까지 이끌어낼 수 있었다.

아이들의 건강한 삶을 위해 부모에게 쓴소리도 마다하지 않는 서울대학교 문용린 교수는 성적이나 지능지수 못지않게 아이가 자기 감정을 적절히 표현하고 다스리는 정서 능력의 중요성을 누누이 강조해왔다. 정서 능력은 학업뿐 아니라 사회생활에 필요한 모든 요소에 영향을 미치기 때문이다.

바로 다음 장에서 소개할 SQ와 밀접한 연관을 갖고 있는 것이다.

자생력의 세계는 생태계 구조와 같다. 하나의 연결고리는 다음의 고리와 이어져 연쇄작용을 일으킨다. 단순히 '감정 표현이 서툴러서', '분노를 잘 조절하지 못해서'라는 일차적인 성격의 문제로만 볼 것이 아니다. 감정의 서투름이 아이의 창의성, 사회성, 자존의식에 영향을 미쳐 자생력의 유무로 이어진다는 점을 잊지 말자.

19장

관계지능을 확장해
자생력을 드넓혀라

🐘

공부는 잘해도 사회성은 떨어지는 아이

IQ와 EQ를 넘어 SQspiritual quotient, 관계지수가 중요한 시대가 되었다. 아무리 프라이버시를 지켜주는 사회이지만, 거미줄처럼 네트워크화된 사회 속에서 관계지수는 시대적 요구사항이다. 『EQ 감성지능』에 이어 『SQ 사회지능』을 내면서 인간의 지능 변화에 지속적인 연구를 해온 심리학자 대니얼 골먼. 그 역시 이런 시대 변화에 맞춰 SQ를 적극적으로 지지하는 학자다. 그는 인간 지능의 패러다임이 개인의 능력인 IQ와 EQ를 넘어 사회적 능력인 SQ로 진화하고 있고, 사회관계가 뛰어난 이들일수록 일의 성과도 높다는 통계를 밝혔다.

골먼 박사의 주장은 나 역시 자생력을 연구하면서 깨달은 바다.

우리 연구팀은 아이들의 SQ와 자생력의 관계를 유심히 살펴보았는데, 사회성이 좋은 아이들일수록 변해가는 사회에 보다 잘 적응하고 무엇보다 협응하는 역량을 발휘하는 등 자생력의 기본 요건을 잘 갖추고 있음을 발견했다. 이는 SQ를 증진시키는 자생력 프로그램의 필요성을 의미한다.

영희는 평범하고 모범생에 가까운 아이다. 성적은 중상위권을 유지하고 있으며 어느 것 하나 문제를 일으키지 않았기에 그리 눈에 띄지는 않지만 성실하게 자신의 자리를 잘 유지하고 있는 편이었다.

그런 영희에게 고민이 있었다. 자기 자신을 잘 모르겠다는 것이다. 학습을 하면서 어려운 점이 있으면 어떤 점에서 어려운지 확실히 말하기 힘들어하고, 그 이유를 찾는 건 더 힘들어했다. 그래서인지 앞으로 무엇이 되고 싶으냐고 묻자 대답을 잘 못하고 자신감도 결여되어 있어 위축되고 소극적인 모습을 보였다. 부모님이나 선생님, 친구에게라도 고민을 털어놓으면 좋으련만 영희는 주변 사람에게 도움을 요청하지 않았다. 당사자인 영희를 비롯해 부모님 역시 걱정이 태산이었다.

비슷한 또래의 혜숙이는 영희와는 조금 다르다. 혜숙이는 활발한 아이다. 친구들과 어울려 놀기 좋아하는 아이는 친구 관계도 좋

거미줄처럼 네트워크화 된 사회 속에서 관계지수는 시대적 요구사항이다.

왔는데, 이상하게도 시간 관리에 젬병이었다. 혼자서 숙제를 하거나 장기간 시험공부를 할 때면 의지력 부족으로 한 시간도 공부하지 못했다. 시험 기간에 계획을 세워 공부해보지만 친구들에게 연락이 오거나 지루할 때는 충동을 이기지 못하여 계획한 바를 제대로 실천하지 못하는 편이었다.

이 때문에 엄마의 잔소리가 이만저만이 아니었다. 계획만 잔뜩 세워놓고 실천은커녕 친구들과 어울려 노는 딸에게 잔소리가 잦아졌고, 아이는 엄마가 원망스러워 짜증을 내거나 다소 공격적인 모습을 보였다.

영희와 혜숙이 두 사람은 모두 일차적으로 학습 동기가 부족해 보였다. 자신을 잘 모르고, 학습에 소극적인 태도는 동기가 결여된 아이들에게서 흔히 나타나는 현상이다. 영희 역시 비슷한 모습을 보였는데, 자신이 좋아하고 잘하는 것이 무엇인지 제대로 이해하지 못하여 진로나 꿈에 대한 자신감과 열의가 적고 해결하려는 의지가 부족했다.

혜숙이도 다르지 않았다. 장래에 되고 싶은 꿈도 있고 이를 위해 열심히 노력해야 한다는 것도 알고 있지만, 친구가 더 좋아서 결심을 저버리곤 했다. 의지통제 부족은 실천력을 떨어뜨려 성취도에도 영향을 줄 뿐 아니라 공부 자체에 흥미를 잃게 한다. 더군다나 자신의 마음과 행동이 일치하지 않는 상황에 스스로도 답답해하는 와중에 가장 가깝게 관계를 맺은 이들(엄마)에게 압박을 받으면 학습적 측면은 물론 정서적 측면에서도 문제가 생길 가능성이 있다.

우리는 두 아이의 동기를 유발시켜 이를 통한 자생력 강화를 시도하는 한편, 더 근원적인 문제인 '관계 문제'도 함께 해결해야 한다고 판단했다. 이를 위해 특화된 자생력 프로그램 중 하나인 'SQ 자생력 프로그램'을 적용할 필요가 있었다.

SQ 자생력 프로그램은 주변 사람들과 원만한 관계를 유지하는데 필요한 의사소통 및 대인관계 기술을 훈련시킨다. 또한 그룹 활동으로 여러 갈등 상황을 현명하게 대처하는 방법을 배우고, 다양한 상황의 팀워크 훈련으로 혼자 극복하지 못하는 문제를 해결할수 있는 실마리를 얻게 한다. 자생력의 필요조건인 협업과 리더십, 융합의 모든 기능이 녹아 있는 프로그램이라 할 수 있다.

우선 동기주도 자생력 프로그램으로 두 아이의 내적 동기를 발현할 수 있게 다양한 활동을 했다. 혜숙이의 경우는 잘 해보려고 하지만 매번 실천에 옮기지 못하고, 실패한 경험이 실망감으로 작용하고 있었기에 실패 다스리기 활동을 통해 동기를 증진시킬 수 있었다. 영희의 경우는 학습에 대한 목표 의식을 세우고, 진로 탐색 활동으로 자신에게 가장 합리적인 진로를 찾아보면서 동기를 증진시킬 수 있었다. 다만 두 아이 다 동기가 증진되는 효과는 있었으나 관계에서 오는 문제 때문인지 여전히 자신감이 부족해 보였다.

우리는 관계 문제를 해결하기 위해 SQ 자생력 프로그램을 진행했다. SQ 자생력 프로그램은 관계 속의 자기 이해 기술 → 커뮤니케이션 기술 → 그룹 활동 기술 → 대인관계 기술 → 관계 확장 기술로 구성되어 있다.

개개인의 상황에 따라 어느 부분에 중점을 두느냐에 차이가 있는데, 혜숙이의 경우 친구 관계는 좋지만 엄마와의 관계가 틀어졌기 때문에 이를 회복하기 위해 '커뮤니케이션 기술'과 갈등 해결에 필요한 '그룹 활동 기술' '대인관계 기술'에 중점을 두었다.

모든 관계에서 소극적인 모습을 보이는 영희는 보다 근원적인 접근이 필요했다. 따라서 '관계 속의 자기이해 기술', '커뮤니케이션 기술'에 중점을 두고 프로그램을 진행했다.

먼저 영희에게 관계도를 그려보라고 했다. 자신을 중심에 두고 중요하다고 생각되는 주변 인물을 포함시켜 그리는 활동이다. 관계도 하나만으로도 사회성을 엿볼 수 있는데 영희는 관계도가 꽤 단출했다. 자신의 주변 인물로 꼽은 사람이 부모님과 친오빠, 영어를 함께 공부하는 친구, 짝꿍 정도였다. 관계도에는 본인이 가깝다고 느끼는 이들을 자유롭게 그릴 수 있다는 설명에도 영희는 머뭇거리면서 관계도를 마무리 지었다. 아이는 폭넓은 대인관계를 형성하고 있지 않으며 특별히 마음을 여는 사람도 극소수라는 점을 알 수 있었다.

가장 편하게 대화할 수 있는 상대가 누군지 묻자 오빠라고 대답했다. 친구들과의 관계는 어떤지 묻자 자신은 말하기보다 들어주는 편이며 어렵거나 곤란한 말을 해야 할 때는 엄마랑 주로 대화한다고 답했다. 생각보다 관계지수가 닫혀 있다.

이번에는 '타인의 시선' 활동을 시작했다. 내가 바라본 내 모습과 다른 사람이 바라본 나의 모습의 공통점과 차이점을 알아보고, 이를 통해 객관적으로 자신을 바라보는 활동이다.

영희에게 평소 생각하는 자신의 모습과 다른 사람들이 생각하는 나의 모습을 쓰게 했다. 자신이 바라본 자신의 모습에는 '착하다', '얌전하다', '책 읽기', '생각하기', '발표 안 하기' 등을 적었고, 다른 사람이 자신을 바라본 모습에는 '차분하다', '침착하다', '답답하다', '얘기 좀 해'라고 적었다. 비슷한 듯하면서도 미묘한 차이가 있었다. 이 결과를 보고 공통점과 차이점을 써보게 했다. 영희가 뽑은 공통점은 '조용하고 차분한 성격', 차이점은 '조용한 성격 vs 답답하고 소극적인 성격'이었다.

"이런 차이점을 네가 발견했는데 어떻게 생각하니?"

"평소에 친구들이 '너는 어때? 얘기해봐'라는 말을 자주 했어요. 그때마다 저는 '아무거나'라는 말을 썼거든요. 그래서 친구들이 저를 답답하다고 느낄 수 있을 것 같아요."

영희는 공통점은 자신의 평소 모습으로 인정하고, 차이점은 똑같은 성격일지라도 다르게 받아들일 수 있음을 이해했다. 비로소 '관계 속의 자기이해'의 첫걸음을 뗀 것이다.

아이의 사회적 관계를 넓혀주는 나 대화법

|

관계 속의 자기 이해 단계를 거쳤으면 이제는 커뮤니케이션 기술 활동을 본격적으로 진행할 수 있다. 영희의 사회성 증진을 위해 '적극적 경청'과 '나 대화법'을 실시했는데, 이는 관계 속에서 이야기를 적극적으로 들어주고, 관계를 좋게 만드는 활동이다.

관계 개선에 있어 경청은 기본이다. 하지만 자생력 프로그램에서 진행하는 적극적 경청은 상대방이 하는 말의 내용을 단순히 잘 듣는 것에서 그치지 않는다. 그보다는 말의 수면 아래에 깔려 있는 동기나 감정에 귀 기울이고, 상대방의 반응을 관찰하면서 자신이 이해한 것을 표현하여 관계를 돕는 활동이다.

친구들과의 관계 맺기에 소극적이었던 영희는 이 활동을 쑥스러워했다. 하지만 감정을 표현하여 상대방에게 이야기하는 것에는 실전 연습이 필요하다는 사실을 인지하는 시간이기도 했다.

듣는 연습이 되었다면 말하기 기술도 필요하다. '나 대화법'을 한 번쯤 들어봤을 것이다. 나 대화법이란, 나를 주어로 하여 상대방과 대화하는 과정에서 느끼는 자신의 감정에 대한 책임은 바로 나에게 있음을 알려주는 소통 방식이다.

나 대화법으로 얻는 효과는 크다. 상대방의 상황과 행동을 객관적으로 말할 수 있고, 그것이 나에게 미치는 영향을 확인할 수 있다. 또한 이로부터 생겨난 자신의 감정을 솔직하게 표현할 수 있게 된다. 나 대화법은 다음과 같은 과정을 거친다.

영희는 나 대화법을 익히면서 자신의 생각과 감정을 이해하고 이를 적극적으로 표현하는 모습을 보였다. 예시로 준 상황을 보고

단계	어떤 수학 학원에 갈지 결정할 때 엄마와 다퉜던 일
문제가 되는 행동	내가 수학 학원을 다닐 건데(내 문제인데), 엄마랑 얘기할 때 잘 모르겠다고 말함. 엄마가 모르겠다고만 하면 어떻게 하냐고 혼냄.
나에게 미치는 영향	수학 학원을 다녀야 하는데 결정을 못 해서 못 다니게 될 것 같다.
나의 감정	수학 학원을 못 다니게 될까 봐 불안하고, 결정하지 못한다고 엄마가 뭐라고 할까 봐 걱정된다.
나 - 대화법	아직 어디가 좋을지 모르겠지만, 내가 학교 친구나 선생님한테 물어보고 다시 얘기하면 좋을 것 같다.

자신도 같은 갈등 상황을 겪었다고 말하며 연습하면서 깊이 공감했고, 문제가 자신에게서 비롯되었다는 사실을 깨닫고 객관적인 방법을 제시할 수 있었다.

영희의 경우는, 타인과의 관계에서 자신이 고민거리를 타인에게 전가하는 것이 문제가 되기보다는 오히려 타인에게서 받는 자극에 대해 그 반응을 이해하고 표현하지 못한 점이 단점으로 작용했다. 따라서 나 대화법으로 과거 상황의 문제점이 무엇인지 확인하고, 그때 자신의 느낌을 파악하여 감정을 표현할 수 있다.

이러한 과정을 거쳐 조금씩 인간관계 기술을 익힌 영희에게 관계의 소중함을 일깨우기 위해 '20년 후 나의 모습' 활동을 진행했다. 처음에 그렸던 나의 관계도와는 달리 20년 후 자신의 모습을 상상하며 인맥도를 그려보는 것이다.

영희는 어떻게 달라졌을까?

미래를 상상하며 그린 영희의 인맥도에는 아이의 장래희망인 라디오 작가와 함께 일하는 동료, 청취자와의 인연의 꼬리가 추가되어 있었다. 처음에 그린 관계도와 어떤 차이가 있는지 묻자, 보다 많은 사람들과 관계를 유지하고 서로 많은 도움을 주고받으며 의지하고 지내는 모습이라고 답했다. 아이는 자신을 둘러싼 관계가 그렇게 되기를 바라고 있었다.

마지막으로 이러한 바람을 담아 영희와 SQ 자생력 프로그램의

마지막 단계인 '네 가지 사회적 리더십 전략'을 진행했다. 이 활동
은 네 가지 전략(대인관계를 분석하고 이해하기, 적극적이고 능동적으로 의사소통하
기, 서로 협동하고 의견을 조율하기, 타인을 배려하고 사교적으로 지내기)을 통해 사
회성을 지닌 리더로 성장하기 위한 방법을 알려준다.

영희에게 리더십 전략을 알려주며 어떤 노력을 하고 싶은지 물
었다. 아이는 사교성을 기르기 위해 학교에서 친구들과 많이 어울
리고 대화할 것, 협동심을 기르기 위해 조별 활동에 열심히 참여하
여 리더 역할을 해볼 것, 적극적인 태도를 기르기 위해 방과 후 활
동에 참여하기 등 처음과는 달리 관계 속에서 한층 나아진 자신의
모습을 그리고 있었다.

갈등 해결을 통해서 성장하는 관계자생력

|

혜숙이는 학업에 대한 필요성을 이해하고 의욕도 있지만 학업
외 다른 일을 하고 싶은 충동을 이기지 못하여 계획한 바를 실천에
옮기지 못하고 있었다. 보통 이런 사람들은 자기 자신에게 실망하
기도 하고 이로 인해 타인에게 간섭받는다고 느끼면 그 대상에게
반항하거나 공격적인 모습을 보인다.

혜숙이는 행동주도 능력이 부족한 전형적인 케이스로, 먼저 의지

를 통제하고 노력주도로 실천력을 강화하는 동기 자생력 증진 프로그램으로 학업의 동기를 유발했다. 또한 혜숙이는 엄마와의 관계, 즉 간섭하는 대상과의 갈등을 해결하고 관계를 회복하는 일도 필요했다. 그러기 위해 SQ 자생력 프로그램 중 갈등 상황을 현명하게 대처하는 방법을 이해하고, 팀워크 훈련으로 혼자서 극복하지 못할 때의 문제해결법을 찾아보도록 했다.

혜숙이와 엄마가 대립하는 원인에는 대화 방식에 문제가 있었다. 대화라고 다 같은 대화가 아니다. 비효율적인 대화는 관계를 해치고, 상대방으로 하여금 나의 생각을 오해하게 할 뿐이다. 우리는 모녀의 대화 방식을 알아봄으로써 평소 잘못된 부분이 있는지 돌아보는 활동을 했다. 혜숙이에게 평소 주변 사람들과 대화할 때 자신의 기분을 상하게 했던 말과, 자신이 상대의 기분을 상하게 했던 말을 적게 했다.

- 그렇게 놀고 언제 공부하니?
- 숙제는 다 했니?
- 공부 안 하니?
- 내가 알아서 할 거야.
- 간섭 좀 안 할 수 없어?
- 엄마 잔소리 땜에 하기 싫어.

주로 갈등을 일으키는 엄마와 오고가는 대화였다. 표현을 보면 평소 공부를 하려고 해도 뜻대로 되지 않고 놀고 싶은 충동을 이기지 못해 충돌이 자주 일어났다는 것을 알 수 있었다. 아마 이런 대화가 이루어질 때마다 감정이 상하고 상처가 되었을 것이다.

우리는 비효율적 대화 방식을 벗어나 효율적 커뮤니케이션 기술에 대한 활동으로 '공감적 이해, '갈등 해결 및 대처 기술'을 진행했다. 공감적 이해란 내가 상대방의 감정을 거의 같은 내용과 수준으로 이해하는 것을 말한다. '상대방에게 집중하기 → 스스로에게 질문하기 → 언어로 반영하기 → 공감 반응 확인하기'로 구성되어 있다.

예를 들어 상대방이 '내가 왜 그런 바보 같은 행동을 했을까?'라고 말했다면 대부분의 경우 즉각적이고 감정적으로 반응한다. 하지만 공감적 이해의 과정을 거치면 상대방의 입장을 헤아리고 스스로에게 질문을 하게 되면서 공감 반응이 나올 수 있다.

그동안 혜숙이는 엄마의 말에 공감적 이해를 하기는커녕 그대로 튕겨 나가도록 마음의 벽을 세우고 있었다. 하지만 공감적 이해 단계를 거치면 스스로에게 질문하고 생각하는 시간을 갖게 되므로 상대방에 대한 이해가 보다 쉬워진다.

또 한 가지 혜숙이에게 쓴 방법은, 평소 아이가 해오던 방식으로 대답했을 때와 공감적으로 이해하는 방법을 써서 대화했을 때의 사례를 적고 비교해보면서 스스로 그 차이를 깨닫게 했다. 다행히 아이는 엄마가 했던 말을 따라 하면서 엄마의 감정을 조금은 이해할 수 있을 것 같다며, 엄마 말이라면 무조건 벽을 세우던 모습에서 벗어나기 시작했다.

사회성 지수가 높은 사람들의 특징을 보면 관계 기술이 뛰어나 갈등 상황에 잘 대처한다. 이는 결과적으로 협력의 역량을 키우고 나아가 리더십을 발휘하도록 이끈다. 혜숙이 역시 엄마와의 갈등 상황을 해결하고 대처할 수 있는 활동으로 자생력을 증진할 수 있었다. 바로 '갈등 해결 및 대처 기술' 활동이다.

혜숙이에게 엄마와 갈등을 빚게 된 상황을 떠올려보게 했다. 아이는 예상대로 엄마가 잔소리를 하고 혜숙이가 욱하며 짜증을 부리는 상황을 이야기했다.

"이 상황을 단계별로 분류해보자. 먼저 이 상황에서 문제가 되는 행동은 무엇일까?"

"공부하라는 엄마의 잔소리에 무조건 짜증 내고 마음에도 없는 말을 한 거요."

"그래. 네가 짜증을 냈는데 그것이 네게 어떤 영향을 미칠까?"

"엄마는 더 화를 내요."

"이런 상황에서 너의 감정은 어때?"

"답답해요. 저도 공부가 마음대로 되지 않아서 불안한데…."

"그럼 지금 너의 그 마음을 엄마에게 그대로 전달해보면 어떤 문장이 될까?"

SQ는 대인 관계를 원활히 하는 일차적 역할에서 한 발 더 나아가 자생력의 융합을 불러온다. 반 고흐의 위작을 증명한 수학자와 미술품 감정사, 과학 수사관으로 구성된 도브시 교수의 팀을 기억할 것이다. 이런 멋진 융합의 결과물을 관계지능으로 이뤄낼 수 있다. 우리는 흔히 미래를 예측 불가능한 시대, 정답이 없는 세상이라고 평한다. 이런 사회에서 혼자만의 지성과 논리, 감성과 판단력만으로는 불안하다. 서로 다른 영역의 사람들이 만나 최상의 융합을 이룰 수 있도록 노력해야 한다. 그리고 융합의 자물쇠를 풀 수 있는 열쇠는 SQ다. 아이들에게 이 열쇠를 어린 시절부터 꼭 쥐고 있도록 돕는 것이 교사와 부모의 역할일 것이다.

자생력
진단하기

여기까지 읽은 분들이라면 '나는 과연 자생력이 있을까?' '있다면 어느 정도일까?' '없다면 어떻게 자생력을 키울 수 있을까?' 등등 머릿속에 물음표가 떠오를 것이다. 답을 주자면 자생력은 개개인의 환경에 따라 경중강도가 다를 뿐 키워질 수 있다. 그러기 위해서는 자신의 자생력이 어느 정도인지 가늠하는 평가 시간이 필요하다.

자생력 검사는 한마디로 자아 개념에 대한 의미를 객관적으로 측정해보는 검사지다. 자기 자신에게 얼마나 자신감과 믿음을 갖고 있는지 스스로가 느끼는 바를 체크하면서 자생력 지수를 가늠할 수 있다. 이 지수에 따라 어느 방향으로 개념을 잡아주어야 할지 정할 수 있다.

검사지는 연령에 따라 나눈다. 학습연령기에 있는 아이들의 경우, 자아 개념이 학습과 이어지기 때문에 그와 연관지어 자생력을 파악할 수 있다. 따라서 검사지도 초등학생용, 중학생용, 고등학생용 그리고 일반용으로 구분한다. 체크할 항목은 각 검사지에 따라 차이가 있다.

자생력을 측정하는 기준

이제 자신의 자생력을 측정하는 기준을 살펴볼 차례다. 예를 들어 우리나라에서 가장 학업에 열중하는 시기인 고등학생의 자생력 측정 검사지를 살펴보자.

번호	문 항	전혀 그렇지 않다	대체로 그렇지 않다	대체로 그렇다	매우 그렇다
1	나 자신에 대해 자신감이 있다.	1	2	3	4
2	나는 행복한 사람이다.	1	2	3	4
3	나 자신에 대해 잘 알고 있다.	1	2	3	4
4	내가 하는 일에 만족한다.	1	2	3	4
5	나 자신을 높게 평가한다.	1	2	3	4
6	쉽게 포기하지 않는다.	1	2	3	4
7	현재의 나에 만족한다.	1	2	3	4
8	내가 아닌 다른 사람이 되고 싶다.	1	2	3	4
9	나는 필요한 사람이다.	1	2	3	4
10	모든 일을 잘 해내고 있다.	1	2	3	4

자생력 검사는 학습자가 자기 자신을 어떻게 바라보는지 측정할 수 있는 중요한 척도다. 현재 자신의 상태를 체크하는 것이기 때문에 측정치는 얼마든지 달라질 수 있다. 훗날 다시 자생력을 측정할 때 더 높아질 수도 낮아질 수도 있다는 점을 염두하자.

문항을 보면, 자신의 만족감과 행복감을 측정하는 항목들이 집중되어 있다는 것을 알 수 있다. 만약 자신감이 없는 경우, 행복하지 않다고 생각할 확률이 높고, 만족감이 낮고 자신의 필요성에 대해 회의를 느낄 가능성도 크다.

설령 자신에 대해 자신감이 있는 사람이라도 자기 자신을 잘 알지 못하고 있다고 생각하거나 다른 사람이 되고 싶다는 생각을 하고 있을 수도 있다. 이것이 잘못되었다는 게 아니다. 검사를 통해 일관된 대답을 하고 있지 못할 때 그런 자신을 바라보고 인지하고 사고하는 것이 이 검사를 하는 시작점이 되어야 한다.

현재의 나 측정하기

이제는 본격적으로 자신이 가장 많은 시간을 보내고 있는 분야에서 현재의 나를 측정해볼 시간이다. 학업연령기에 있는 학생이라면 학교에서의 자신을 생각하며 측정하면 된다.

번호	문 항	전혀 그렇지 않다	대체로 그렇지 않다	대체로 그렇다	매우 그렇다
1	학교생활을 잘하고 있다.	1	2	3	4
2	수업 시간에 발표를 잘한다 .	1	2	3	4
3	선생님은 나에게 기대를 하신다.	1	2	3	4
4	학교 가는 것이 즐겁다.	1	2	3	4
5	학급 일에 잘 참여한다.	1	2	3	4
6	나는 반에서 중요한 사람이다.	1	2	3	4
7	학교생활에 적응하기 쉬운 편이다.	1	2	3	4
8	학교는 내 생활의 중요한 부분이다.	1	2	3	4
9	학교가 재미있다.	1	2	3	4
10	선생님은 나에게 관심을 주신다.	1	2	3	4
11	나는 반에서 중요한 사람이다.	1	2	3	4
12	기대한 만큼 좋은 성적을 받고 있다.	1	2	3	4
13	내 성적표가 자랑스럽다.	1	2	3	4
14	대부분의 과목 성적이 우수하다.	1	2	3	4
15	시험을 결과가 만족스럽다.	1	2	3	4

16	어려운 문제를 잘 푼다.	1	2	3	4
17	학교 성적이 좋다.	1	2	3	4
18	내 성적은 친구들보다 우수하다.	1	2	3	4
19	만족스러운 점수를 늘 얻고 있다.	1	2	3	4
20	항상 우수한 성적을 유지한다.	1	2	3	4
21	친척들보다 성적이 우수하다.	1	2	3	4
22	성적표 나오는 것이 두렵지 않다.	1	2	3	4
23	대부분 시험 성적이 좋은 편이다.	1	2	3	4
24	나는 공부를 잘한다.	1	2	3	4
25	좋은 성적을 받을 만한 능력이 있다.	1	2	3	4
26	공부를 잘할 수 있는 능력이 있다.	1	2	3	4
27	대부분의 과목이 공부하기 쉽다.	1	2	3	4
28	학습속도가 빠르다.	1	2	3	4
29	좋은 대학에 들어갈 만큼 똑똑하다.	1	2	3	4
30	무엇인가 배우는 데 빠르다.	1	2	3	4
31	부족한 과목을 보충할 만한 능력이 있다.	1	2	3	4
32	친구들보다 학습능력이 우수하다.	1	2	3	4
33	학습과제를 끝마칠 능력이 있다.	1	2	3	4
34	마음만 먹으면 우수한 성적을 얻을 수 있다.	1	2	3	4
35	무엇이든 배울 능력은 충분하다.	1	2	3	4

학교생활에서의 태도와 마음가짐, 학습결과에 대해 스스로 평가하는 문항이 꽤 많은 편이다. 이것 역시 현재의 상황을 체크하는 것이며 앞으로 얼마든지 바뀔 수 있다. 학습결과를 묻는 것이 불편할 수도 있겠으나 현 상황을 정확히 파악해야 하는 만큼 충실히 답하는 것이 좋다.

무엇보다 학교생활 중에 자신이 어떤 자화상을 갖고 있는지 살펴보고, 학습능력에 대해 객관적으로 평가함으로써 자생력을 증진시킬 방안을 찾아보아야 한다. 특히 이 부분에 취약한 경우 자생력을 증진시킬 방안으로 인지적인 부분을 강화해서 전체적인 자존감을 높이는 방안이 필요하다.

상담실을 찾는 학생들 중 학교생활 및 학업성취에 취약한 사례는 다양하다. 겉으로 보기에는 아주 열심히 공부하는 것처럼 보이는데 실제로는 학업성취도가 바닥인 경우, 좋아하는 과목만 공부하다 보니 전체적인 학업만족도가 떨어진 경우, 공부를 하긴 하는데 핵심과 주제가 전혀 파악이 되지 않는 경우 등 모두 학업과 관련된 개념이 바로 서지 않은 채 환경에 휩쓸려갈 때 벌어지는 일이다. 이런 경우 인지적인 부분을 강화시켜주지 않으면 자생력의 중요한 키워드가 되는 사고의 힘이 길러지기 힘들다.

실제 학업성취도가 떨어지는 학생들의 자생력 프로그램을 진행하다 보면 상당 부분 핵심이나 주제를 파악하는 데 취약했다. 그것은 집중력과도 관련이 있고 사고방식이 아직 안 열렸기 때문이기도 하다. 이에 그들의 인지적 능력을 강화시키는 프로그램을 진행했는데 놀랍게도 주의력이 상승하며 학업성취에서 효과를 보였다. 그러한 효과는 학생 스스로 사고하는 것으로 이어지고 자신감을 얻게 되어 자신의 인생에서 리더가 되는 경험을 하게 한다. 이렇듯 자생력의 중요한 키워드인 사고의 힘은 자기 인생의 스스로 리더가 되는 것, 주체가 되는 삶을 만끽하게 해준다.

인지적 부분에 대한 집중적인 체크를 진행한 후에는 사회성을 점검해보도록 한다. 다음의 항목은 대인관계와 가족과의 관계를 점검할 수 있는 문항이다. 학생들의 경우 친구 관계에 어려움을 겪는 경우가 꽤 많다. 관계 속에서 어떻게 자리매김하는지 어려워하기도 하고 감정 표현이 서툴러 관계 맺는 것조차 힘들어하는 경우도 있다.

아이가 최초로 경험하는 작은 사회, 가정에서 느끼는 감정도 마찬가지다. 교육에서 환경은 무척 중요한 인자이며, 가정은 가장 중요한 환경이다. 자생력 테스트에 있어 가족과의 관계와 대인과의 관계는 '이 사람이 얼마나 소통하고 협력하며 이끌어갈 수 있는가?'를 가늠해볼 수 있는 척도가 된다. 물론 강화를 통해 증진시킬 수 있다.

번호	문항	전혀 그렇지 않다	대체로 그렇지 않다	대체로 그렇다	매우 그렇다
1	사교성이 있다.	1	2	3	4
2	나의 대인관계 태도에 만족한다.	1	2	3	4
3	친구들은 나를 믿어준다.	1	2	3	4
4	친구들에게 나는 중요한 사람이다.	1	2	3	4
5	다른 사람과 함께 있는 것이 즐겁다.	1	2	3	4
6	친구들은 나를 좋아한다.	1	2	3	4
7	친구 사귀는 것이 어렵지 않다.	1	2	3	4
8	다른 사람에게 호기심이 있다.	1	2	3	4
9	사교성이 있다.	1	2	3	4
10	우리 가족은 나를 사랑한다.	1	2	3	4
11	우리 가족은 나를 도와준다.	1	2	3	4
12	부모님은 나를 이해해준다.	1	2	3	4
13	다른 집에서 태어났으면 하고 바란적 있다.	1	2	3	4
14	우리 집에서 나에게 관심을 가져준다.	1	2	3	4
15	우리 가족은 대화를 자주 한다.	1	2	3	4
16	부모님이 나를 자랑스러워한다.	1	2	3	4
17	가족들과의 관계에 만족한다.	1	2	3	4
18	가족끼리 다투는 일이 거의 없다.	1	2	3	4
19	우리 집은 행복하다.	1	2	3	4
20	집에서 나는 중요한 사람이다.	1	2	3	4
21	내가 잘못을 해도 가족들은 나를 사랑한다.	1	2	3	4

WILD

자생력 측정에서 마지막으로 살펴야 할 부분은 자기 자신에 대해
정의를 내리는 과정이다. 자신을 믿고 있는지, 자신의 가치에 대해 믿
음을 확인하되 외모에 대한 자신감과 내면적인 자신감 모두를 살펴
본다. 이는 대인관계에서 보이는 자신에 대한 자신감, 사회 속에서 살
아가는 나의 만족감을 나타내는 잣대와도 같다. 이 점을 생각하며 현
재 자신은 어떤 사람인지 체크해보자.

번호	문 항	전혀 그렇지 않다	대체로 그렇지 않다	대체로 그렇다	매우 그렇다
1	나는 나 자신을 믿는다.	1	2	3	4
2	나는 정직한 사람이다.	1	2	3	4
3	거짓말을 한다.	1	2	3	4
4	온화한 성격이다.	1	2	3	4
5	항상 옳은 일만 하는 사람이다.	1	2	3	4
6	존경받을 만한 사람이다.	1	2	3	4
7	나는 착한 사람이다.	1	2	3	4
8	나는 가치있는 사람이다.	1	2	3	4
9	나는 매력 있는 사람이다.	1	2	3	4
10	나의 얼굴은 호감을 준다.	1	2	3	4
11	현재 외모에 만족한다.	1	2	3	4
12	적당한 몸매를 가지고 있다.	1	2	3	4
13	나의 눈은 매력적이다.	1	2	3	4
14	나는 잘생겼다.	1	2	3	4
15	예쁘다 (멋있다)는 말을 자주 듣는다.	1	2	3	4
16	깔끔한 외모다.	1	2	3	4
17	친구들이 킹카(퀸카)라 부른다.	1	2	3	4
18	내 외모에 자신 있다.	1	2	3	4

송인섭 교수의 A.I 시대 감성 창조 교육법

와일드

초판 1쇄 인쇄 2020년 2월 20일
초판 1쇄 발행 2020년 2월 28일

지은이 송인섭
펴낸이 김선식

경영총괄 김은영
책임편집 이여홍 책임마케터 이고은
콘텐츠개발7팀장 이여홍 콘텐츠개발7팀 김민정, 권예경
마케팅본부장 이주화
채널마케팅팀 최혜령, 권장규, 이고은, 박태준, 박지수, 기명리
미디어홍보팀 정명찬, 최두영, 허지호, 김은지, 박재연, 배시영
저작권팀 한승빈, 이시은
경영관리본부 허대우, 하미선, 박상민, 윤이경, 권송이, 김재경, 최완규, 이우철
외부스태프 표지 이인희 본문 박재원

펴낸곳 다산북스 출판등록 2005년 12월 23일 제313-2005-00277호
주소 경기도 파주시 회동길 357 3층
전화 02-702-1724 팩스 02-703-2219 이메일 dasanbooks@dasanbooks.com
홈페이지 www.dasanbooks.com 블로그 blog.naver.com/dasan_books
종이 (주)한솔피앤에스 출력·인쇄 갑우 후가공 갑우
ISBN 979-11-306-2884-4[03370]

다산북스(DASANBOOKS)는 독자 여러분의 책에 관한 아이디어와 원고 투고를 기쁜 마음으로 기다리고 있습니다.
책 출간을 원하는 아이디어가 있으신 분은 이메일 dasanbooks@dasanbooks.com 또는 다산북스 홈페이지 '투고
원고'란으로 간단한 개요와 취지, 연락처 등을 보내 주세요. 머뭇거리지 말고 문을 두드리세요.